洛克菲勒对年轻人的忠告

1．选择和努力同样重要。

2．低起点不能妨碍你成功。

3．成长比高薪更重要。

4．人因工作而高贵。若认为工作是乐趣，人生就是天堂。

5．恪守商业原则。忍耐和坚持是做事业的前提。

6．注重细节、节俭。坚持记账。

7．别让资产闲置，特别是脑力资源。要学会合作。

8．职场友谊很重要。一个篱笆三个桩是颠扑不破的真理。

9．快乐并非只是做自己喜欢的事，而是喜欢做正在做的事。

10．奉献是留给世人最好的礼物。

这不仅仅是一部伟大的励志作品

更是洛克菲勒财富智慧的升华之作

洛克菲勒说，我是这样工作的：

★我的工作非常有乐趣。工作对我来说完全是一种享受，我也一丝不苟地履行着自己的职责。

★我是个注重细节的人。我的第一份工作是簿记员，我对数字和论据极其看重。

★主动出去寻找商机，我以前从未做过。我开始拜访与我们所从事的业务有点联系的人，走遍了俄亥俄州和印第安纳州。我认为最好的方法是先简单介绍我们的公司，而不是急于推销我们的服务。

★在商场上，获得成功最基本的要素便是遵从商业法则。找到正确的方向，坚持合乎常理的运营模式。不要受眼前的利益诱惑，也不要妄想一夜暴富。

窥见上帝秘密的人

洛克菲勒自传

［美］约翰·D·洛克菲勒　著

刘　洋　译

中国三峡出版社

图书在版编目（CIP）数据

窥见上帝秘密的人 /（美）洛克菲勒（Rockefeller, J. D.）著；刘洋译. —北京：中国三峡出版社，2012.1
ISBN 978-7-80223-783-4

Ⅰ. ①窥… Ⅱ. ①洛… ②刘… Ⅲ. ①洛克菲勒，J. D.（1839~1937）—自传 Ⅳ. ①K837.125.38

中国版本图书馆CIP数据核字（2011）第256518号

中国三峡出版社出版发行

（北京市西城区西廊下胡同51号 100034）

电话：(010) 66112758 66116828

http: //www.zgsxcbs.cn

E-mail: sanxiaz@sina.com

北京嘉业印刷厂印刷 新华书店经销
2012年3月第1版 2012年3月第1次印刷
开本：787×1092毫米 1/16 印张：10
字数：130千字
ISBN 978-7-80223-783-4 定价：22.80元

目录

CONTENTS

◎我得到了标准石油公司的极大信任。我很荣幸可以联合那么多有能力的人，他们现在都是公司举足轻重的人物。我和他们共事多年，但真正帮助公司渡过难关的是他们。

◎他们是忠实而真诚的朋友。我一直深感欣慰的是，我们坦诚相待，同甘共苦。如果没有这一基础，商业伙伴不可能取得最大的成功。

◎这是一种基于商业合作的友谊，这种关系要远远胜过基于友谊的商业合作。

◎花费所有的时间，为了挣钱而挣钱，是世界上最无耻、最悲哀的事情。如果年轻四十岁，我很乐意重返商界，因为和机智风趣的人打交道是很快乐的事情。但是我有许多兴趣爱好来打发时间，所以我更愿意利用余生去完成我生命中尚未完成的计划。

◎我是一个重视细节的人。我的第一份工作是簿记员，不论多么细微的数据，我都极其重视。我总是执着地追

◎标准石油公司最初的建立并不只是为了合并资金，而是要凝聚智慧，这才是我们的初衷。

◎一家成功的企业依靠的绝对不只是资金、工厂和物质，人的性格和能力才是决定一切的内因。

◎对于那些暂时失利的商人而言，即使看似山穷水尽了，只要小心谨慎、踏踏实实地努力，终会柳暗花明的。但是这里包含了两个必要条件：第一，懂得投资，自掏腰包或者合伙筹集款项；第二，一定不要违背商场的自然法则。

◎在商场上获得成功的最基本要素，就是遵从商业法则，即找到正确的方向，坚持合乎常理的运营模式；不要受眼前利益的诱惑，更别妄想一夜暴富；不要浪费时间在只能带来小小胜利的事情上，除非你只满足于小小的成功。

◎伟大的商业领袖曾一再告诫我们，只有诚信经营才能永葆成功，才能使人获得自信，而这也正是我们所珍视，并为之奋斗的真正的资本。心里只想着赚钱的人是不会成功的。

◎在商业上，耐心是一种美德。大萧条不会长期磨损我们的积极性，我们国家的资源也没有因为金融风暴而遭受损失。从大萧条中恢复之后，我们将会拥有更稳定的未来。

◎慈善活动确实可以给企业带来商业效应，但其背后源于内心的赠与精神，才是其真正的价值所在。

◎在选择自己的职业或雇主时，要先想一想自己最适合的位置在哪里？我在哪里可以为世界作出最大的贡献？我在哪里可以为社会创造最大的价值？如果能以这种精神选择自己的职业，那么你在成功的道路上已经迈出了重要的一步。

◎意外之财往往是祸不是福，这才是我们反对投机的主要原因，而不是因为从事投机活动往往输多于赢。

◎这些慈善工作是我的快乐之源，同时也给我的生活带来了深远的影响。

◎有人说：“我不相信街头乞丐。”我赞同这种观点，也同样怀疑这种乞讨行为。但这并不是我们逃脱责任的理由，我们仍然可以尽己所能，改善以乞丐为代表的一些人的处境。

◎我们不轻信乞丐，不让他们的索取得逞，这正是我们必须加入并支持社会慈善机构的理由。这些机构能作出公正而人性化的判断，辨别真正需要帮助的群体和骗取同情的无赖。

◎对商人而言，最大的忌讳便是重复投资，将时间、精力和金钱浪费在毫无意义的竞争上。

◎我坚信“慈善托拉斯”是正确的方向，直到现在仍然如此。

序言

每个人在生命的某个阶段，或许都喜欢回忆往事，重拾记忆的片段，讲述人生中的耕耘与喜悦。现在，我就变成了这样一个絮絮叨叨的老人。我在这本书中，将记下那些曾在我的生命中出现过的人和发生过的事。

从某种意义来说，我所交往的人都是这个国家最优秀的人，尤其在商界。由这些人建立起来的美国的商业王国，所生产的产品销售到了世界各个角落。对我而言，我所要记录的事情具有重大的意义，它们给我留下了永不磨灭的印记。

怎样把握公开个人隐私的尺度，或者说如何保护自己，使自己免受攻击，这个问题其实颇具争议。过度暴露自己的经历，会让人怀疑你未免狂妄自大；可是如果保持缄默，有时更会遭到误解，因为人们会认为你连为自己辩护的理由都没有。

我并不习惯把我个人的生活公诸于众，但是，我的家人和朋友认为我有必要对一些事情作出澄清——这些事情曾被炒得沸沸扬扬，我

觉得应该听从他们的建议，同时也借此机会重拾我生命中的一些珍贵记忆。

我之所以写这本带有回忆性的册子，还有另一个原因：如果人们传言的那些事情有十分之一是真的，那么我那些忠实而能干的朋友（他们中有很多人已经离开了人世）一定会深深地觉得含冤蒙羞。至于我自己，由于我相信在我离开这个世界之后，一切都会真相大白，历史自然会作出公正的裁决，因此我本来已经决定保持沉默的，但是，既然我还活着，而且可以证明一些事情，所以我似乎应该澄清这些引发广泛讨论的事情。我确信，这些事情仍然没有得到充分的了解。而所有这些，都关系到逝者的名誉和生者的生活，因此，公众在作出判断之前，都有权了解第一手真相。

刚开始写这本回忆录时，我并没有希望将其付诸出版，甚至没有把它当成一部非正式的自传，更没有考虑顺序、次序、完整性等问题。

谈到这些多年来和我同甘苦共患难的亲密合作伙伴及同事，我感到莫大的欣喜和宽慰。但我同时也意识到，虽然对我来说，这些记忆是一笔珍贵的财富，但若是长篇大论，一定会令读者生厌的，所以我只谈到了其中的一些朋友——正是因为他们，才造就了我在商业上的成功。

约翰·D.洛克菲勒

1909年3月

第一章

忠诚可信的朋友铸就公司基石

序

本书记录的是一些零散的个人回忆，所以请允许我唠叨这么多的小事。

回忆往事，在我的脑海中印象最清晰的就是我的老同事。我在这里谈到这些朋友，并不代表其他朋友对我而言不那么重要。我会在后面的章节谈到我早期的朋友。

我们并不总是会记得和一位老朋友第一次见面的情景或印象，但我永远不会忘记我和标准石油公司现任副总裁阿基勃特先生第一次见面时的情景。

那是在35或40年前，当时我正在全国各地考察，和生产商、炼油厂、代理商洽谈，并开始熟悉石油行业。

洛克菲勒格言

我们的命运取决于我们的行动，而绝不是完全取决于我们的出身。

阿基勃特

一天，在油田附近有一个聚会。当我到达那里时，酒店里面早已聚集了石油行业的人士。我在签到簿上看到了一个大大的签名——阿基勃特，每桶四美元。

这个年轻人浑身洋溢着热情，看上去个性十足，他在自己的签名后面加上了他的口号——每桶四美元，这样就不会有人怀疑他的信念了。“每桶四美元”的口号太令人惊讶了，因为当时的原油价格要远远低于这一价格。但他的这一口号果然奏效，吸引了很多人的注意——“每桶四美元”的价格高得太离谱了。即使是阿基勃特先生自己，最后也不得不承认，原油价格远远达不到“每桶四美元”，但他始终保持着高度的热情、执着的活力和坚定的信念。

他有一种天生的幽默感。有一次他在一个很严肃的场合出庭作证，对方律师问他：“阿基勃特先生，你是公司的董事吗？”

“是的。”

“你在公司担任什么职务？”

“赚分红啊！”他立刻回答。

洛克菲勒**格言**

机会永远都是不平等的，但是，结果也许会平等。

他的这一回答，立即将那些学识渊博的律师吸引到了另一个问题上。

他那忘我的工作精神，让我一直惊叹。现在我不经常见到他，因为他有很多重要工作要做，而我则像农夫一样远离喧闹的商界，每天打打高尔夫或者种种树。但是，我仍然觉得忙，感觉时间不够用。

提起阿基勒特先生，不得不提一下，我得到了标准石油公司的极大信任。我很荣幸可以联合那么多有能力的人，他们现在都是公司举足轻重的人物。我和他们共事多年，但真正帮助公司渡过难关的是他们。

我的大部分同事都是在很多年前结交的，而到了我现在这一大把年纪，常常是不到一个月——有时我甚至觉得不到一个星期——便会收到一位同事的讣告。最近我算了算已经离世的老同事，我还没有算完，便发现已经有60多位了。他们是忠实而真诚的朋友，我们一起经历了无数困难和考验，我们曾一起讨论、争论、斟酌，直到达成对问题的共识。我一直深感欣慰的是，我们坦诚相待，同甘共苦。如果没有这一基础，商业伙伴不可能取得最大的成功。

要让一群心志坚定、态度强硬的人形成共识，可不是件容易的事。我们的做法就是：富有耐心地倾听，并开诚布公地讨论，直至每个人都清楚地了解相互之间的想法，这才暂告一阶段，并最终决定行动进程。保守派在众多的合作伙伴中占据大多数，显然这是件好事，

洛克菲勒**格言**

富家子弟缺乏贫贱者所具有的自我拯救的野心，他们也就只得祈求上帝赐予成功了。

因为大企业通常只顾扩张，而成功人士一般都很保守，因为他们面临着更大的风险。值得庆幸的是，企业中总会有一些充满雄心壮志、敢于冒险的人，通常情况下，他们都是年纪最小的一群人——他们的人数或许并不多，但却果敢决绝，令人信服。

他们希望有所作为，并敢于付诸行动，而更重要的是，他们不怕承担工作压力和责任。我至今犹对保守派遭遇激进派——可以称他们为“激进派”吗？或者说他们是敢于冒险的人吗？——的一次经历印象弥深。不管怎样，我是属于激进派的。

洛克菲勒格言

对人造成伤害的最快捷的方法就是金钱，它会让一个人变得腐化堕落、趾高气扬、目空一切，最终失去最美好的东西。

争论与资金

一位已经拥有庞大家业并且事业正处在上升势头的合作伙伴，坚决反对我们提出来的企业拓展方案。这个方案需要投入大约300万美元，在我看来，这可是一笔数额惊人的投资。我们反复讨论，权衡所有利弊，并且引用了我们能够想到的所有论据，来证明这一方案不仅可以让我们获得利润，而且对保持我们原来的领先地位至为关键。然而，这位合作伙伴依然固执己见，不肯屈服，我甚至可以想象得到他摆出一副抗议的姿态，双手插在裤口袋里面，头仰向后大声怒吼："绝对不行！"

一个人为了坚决捍卫自己的立场而不考虑现实条件，会让人感觉非常无奈。他已经没有了清晰的判断，思维也已经停滞，剩下的只有顽固的抵抗。我上面已经讲了，这一方案至关重要，必须付诸实施。尽管我们当中有小部分人已经决定，无论如何也要让他屈服，但是我认为，我们不能和合作伙伴翻脸。于是，我们试图从另一个角度来说服他："你说我们没必要花这些钱？"

"完全没必要。"他说，"这么巨额的投资，得要很多年才能见

洛克菲勒格言

一个真正快乐的人，是能够享受其劳动成果的人；而只知道像海绵那样榨取却不会付出的人，只会失去快乐。

到收益。现在完全没必要兴建你们提出的那些设施，更何况工厂现在运行也很好，我们只需保持现状就足够了。”

关于我们这位合作伙伴，有一点是我们这些人都必须承认的：他知识渊博、经验丰富，而且资历很老，比我们这些人对石油行业更熟悉。但是正如我所说的，我们已经决定要赢得他的认可，如果不成我们也情愿等他。当争论渐渐平息之后，我们又谈到了这个话题。这时我已经想到了用另一种新的方式来说服他。

我说：“由我来承担所有的风险，并且由我自己来出钱。如果公司盈利了，可以偿还我的资金，但是如果亏损了，完全由我自己来承担。你看如何？”

我的话显然打动了他，他的保留态度不见了，对我说：“既然你这么说，那就我们来共同承担吧。如果你能承担这种风险，我想我也能。”

在我看来，所有企业都面临着如何掌握发展节奏的问题。当时，我们扩展得太快了，到处都在建工厂，努力扩展我们的版图。因此，我们经常会遭遇各种突发事件。比如哪里发现了新油田，就必须在一夜之间制造出用于储存原油的油罐；旧的油田日渐枯竭，于是我们面临着双重压力——一方面必须放弃旧油田的整套设备，另一方面必须在完全陌生的新油田附近建立工厂，以便储存和运输石油。这些都是石油贸易之所以成为风险行业的原因。但是，我们有一支敢于冒险

洛克菲勒
格言

高贵快乐的生活既非来自高贵的血统，也非来自高贵的生活方式，而是来自一种高贵的品格——自立精神。

的团队，我们的理念是：企业的成功就在于如何有效地把握风险和机遇。

我们一次又一次地讨论这些令人头疼的问题！有些人迫不及待地想一步到位，有些人却希望稳扎稳打地前进。因此，这是一个相互妥协的过程，我们每次都把问题摆出来，大家共同商量，逐一解决，既不像激进派希望的那样冲动冒进，也不像保守派喜欢的那样谨小慎微，最后双方总能达成一致。

洛克菲勒

格言

享有特权却缺乏力量的人是个废物，而受过教育却缺乏影响的人是最不值钱的垃圾。

成功的喜悦

我最早的合作伙伴之一，亨利·莫里森·弗拉格勒先生（Henry Morrison Flagler）一直是我学习的榜样。他总是勇往直前，敢于尝试各种各样的宏伟项目，并且总是那么积极乐观。我们公司早期的发展，在很大程度上要归功于他那令人惊叹的努力。

像他这样取得如此成就之人，大都希望能够安享退休生活，但他的使命却似乎是坚持不懈地奋斗终生。他独自承担了佛罗里达州东海岸铁路建设的工程。由于不满足于规划、建设全长600公里的圣·奥古斯丁至西屿铁路——这对几乎所有人来说，都可以说是事业的巅峰，他又建造了一系列豪华酒店，吸引游客来到这个新开发的国家。更可贵的是，他牢牢地掌控着这一切，并取得了巨大的成就。

这个人通过自身的能量和资金，带动并搞活了一大片国土的经济，使本地居民和新移民拥有了自由贸易的市场。他还为成千上万人创造了工作机会。但他更重要的成就，是他独自完成了一项伟大工程——正如多年前所计划的那样，建造一条穿越大西洋、从佛罗里达礁岛群至西屿的铁路。

洛克菲勒格言

一旦找到你自己的路，上帝就会帮助你！

他的所有这些成就，都是在大多数人认为已经达到事业巅峰之后实现的，而任何一个处在他这样位置的人都会乐意退休，安然享受自己的劳动果实。

我刚开始认识弗拉格勒先生的时候，他是在给克拉克—洛克菲勒公司代销产品。这位年轻人精力旺盛，充满了干劲。在我们进军石油行业之际，他当时作为一名代销商，和已经接管克拉克—洛克菲勒公司的克拉克先生在同一栋楼里办公。不久，他就买下了克拉克先生的股份，并购了他的公司。

于是，我们之间的接触自然也就频繁起来，我们由最初的生意伙伴关系发展为友谊，因为生活在克利夫兰这样的小地方，人与人之间的关系比纽约这种大城市要紧密得多。当石油贸易逐渐发展，我们需要更多帮助的时候，我就想到了弗拉格勒先生。我诚恳地邀请他放弃委托贸易，加入到我们的行列中来。他接受了邀请，我们持续终生的友谊也由此开始。这是建立在商业合作基础上的友谊，弗拉格勒先生曾说过，这种关系要远远胜过基于友谊的商业合作。我后来的经验也证实了他这句话的正确。

我们共同走过了许多岁月，我们的办公桌也在同一个房间。我们都住在欧几里得大道，两家相距很近。我们相约一同上班，一起回家吃午餐后回办公室，傍晚下班又一起回家。在路上没有办公室琐事的干扰，我们会一起思考、讨论、筹划。弗拉格勒先生起草了几乎所

洛克菲勒
格言

有些人因为非凡的才能，注定会成为令人瞩目的领袖或伟人。

有的合同，他总是能够清晰而准确地表达合同的目的和意向，避免产生误解，并且做到对签约双方都公平公正。我还记得他经常这样说：“做任何事情，都必须用相同的标准去考虑双方的利益。”而他也正是这么做的。

但让我感到吃惊的是，有一次弗拉格勒先生竟然毫不犹豫地接受了一份合同，甚至一个问题都没问。当时，我们决定买一块地建造一座炼油厂，而这块地正好属于我们都很熟悉的朋友约翰·欧文（John Irwin）。欧文先生在一个马尼拉信封的背面起草了这份买卖合同。合同条款和其他合同差不多，只是在有一处写了“南面的分界线到毛蕊花杆处”这样的文字。我觉得这个分界线的说法有些模糊，但弗拉格勒先生说：“好的，约翰，我接受这份合同，但是我希望能把‘毛蕊花杆处’换成合适的标桩。这样的话，整份合同就更加准确而完整。”确实是这样。我甚至想说，有些律师都可以向他拜师，向他学习怎样起草合同，但法律界的朋友可能会觉得我有所偏心，所以我不会强求他们。

弗拉格勒先生还有一件令我钦佩的事情。那是在公司发展早期，他坚持炼油厂不能依照当时的惯例那样因陋就简地建造。那时候，每个人都担心石油会枯竭，因此花钱建炼油厂房只会白白扔掉钱，所以那时大家都用最少的钱来建炼油厂。弗拉格勒先生反对这种做法。虽然他不得不承认油井可能会枯竭，石油贸易面临巨大的风险，但是他

洛克菲勒**格言**

幸运正是在策划过程中伴随而生的、难以摆脱的福音。

始终认为，既然我们选择了这个行业，就必须做到精益求精，必须拥有最好的设施，所有设备都必须坚固耐用，而且我们必须尽一切努力去赢得最大的成功。就好像石油行业将长盛不衰一样，他一直坚持这种高标准炼油厂的要求。他坚守信念的勇气，为我们公司后来的发展打下了坚实的基础。

那些如今依然健在的人回忆起年轻、乐观、真诚的弗拉格勒先生时，无不对他称赞有加。他在克利夫兰收购炼油厂时，表现得非常活跃。一天，他在街上偶然遇到了一位德国的老朋友，此人曾是面包师，弗拉格勒先生以前卖过面粉给他。他告诉弗拉格勒先生，他现在已经不做面包生意了，而是建了一座小炼油厂。弗拉格勒先生很是惊讶，他并不赞同朋友将一小笔资金去投资建炼油厂，因为他觉得肯定不会成功。起初，他似乎也帮不上朋友什么，但他一直把这件事记在心里，这件事显然让他心里不安。最后，他来找我商量说："和炼石油相比，那个面包师对于烤面包更在行。但我还是想邀请他加盟，否则我良心不安。"

我当然同意。他和他的朋友说了这件事，朋友高兴地表示愿意出售炼油厂，但是他要求我们派估价师给他的工厂估个价。这倒不是什么问题，但是新的问题紧接着又出现了。面包师很满意我们给他出的价格，但却坚持要弗拉格勒先生给他提建议——到底是要现金，还是要标准石油公司同等票面价值的证券。他告诉弗拉格勒先生，如果

> 洛克菲勒**格言**
>
> 尊重别人，是满足我们道德感的需要；但是我还发现，这也是激发员工努力工作的有效工具。

是收取现金，他就可以还清所有的债务，从而免去许多烦恼。但是，如果公司证券可以有不错的分红的话，他倒是想试一下，希望获得长期的收益。他给弗拉格勒先生出了个难题。弗拉格勒先生一开始拒绝为他提建议，但这个德国人坚持问弗拉格勒先生的意见。最后，弗拉格勒先生建议他收取一半现金用于偿还债务，另一半用于购买公司证券。他采纳了弗拉格勒先生的建议，并且后来逐渐买入了更多的证券。弗拉格勒先生让他的朋友获得了长期收益，我想，他从来不用为自己的建议道歉。我相信，弗拉格勒先生用于这件事情上的时间，以及他对这件事情的思考，绝不亚于对待他自己的任何一件大事。这件事情同时也可以作为标尺来衡量一个人。

洛克菲勒格言

每个人都渴望得到欣赏、被认为有价值、受到重视并赢得别人的尊重，每个人的脖子上都挂着一个无形的标志，这个标志上面写着：“请重视我！”

友谊的价值

对于年轻的一代来说，这些老人的故事可能没有什么吸引力，但它们并非毫无意义。即使故事有些乏味，但年轻人从中可以认识到，在生命的每个阶段朋友的价值所在。

朋友有很多种。所有的朋友都应该保持联系。虽然朋友有亲密和疏远之分，但拥有各种朋友却很重要。随着年岁的增长，对这一点的体会就越深。比如有一种朋友，当你需要帮助的时候，他们总是正好帮不上忙。

“我不能借钱给你，”他说，“因为我和合作伙伴之间有协议。”

“我非常愿意帮你，但这个时候确实不方便。”诸如此类。

我并不是想指责这种友谊。这种朋友有的是性格使然，但有些时候朋友确实是有心无力。在我的朋友当中这一类比较少，我的大部分朋友都是乐意为朋友两肋插刀的。我记得有一位朋友，自从第一次见面就十分信任我，他就是哈克内斯（S. V. Harkness）。

有一次，一场大火短短几个小时就完全吞噬了我们的石油仓库

洛克菲勒格言

每个人都是他自己命运的设计者和建筑师。

和炼油厂。虽然我们可以向保险公司索赔几十万美元，但我们担心这么大一笔金额要耗费相当长时间。必须马上重建工厂，因此资金问题亟待解决。哈克内斯先生对我们的生意非常感兴趣，于是我对他说：“我可能需要向你借些钱。我不知道最后是否需要，但想提前和你说一下。”

他听了我的话并没有多问什么，他向来是个沉默寡言的人。

他只是说：“好的，我会尽最大努力帮助你。”但等我回到家时，我的问题解决了。在建筑商要求我们付款之前，我们收到了利物浦伦敦环球保险公司的全额赔款。虽然我不用向他借钱，但我会永远记住他在我遭遇困境时，向我提供的真诚慷慨的帮助。

我很幸运遇到许多这样的朋友。在公司创业的早期阶段，我是个大债主。我们公司发展很快，需要大量的资金，银行总是慷慨解囊提供贷款。但这次火灾带来了新的问题，使我开始分析当前的形势，认真思考我们的现金需求。从这时起，我们开始重视对应急资金的储备。

在同一时期发生的另一件事情，证明了患难见真情的道理，但我是在多年以后才得知事情的整个经过的。

我们曾与一家银行有很多业务往来，我的一个朋友斯蒂尔曼·维特先生（Stillman Witt）是这家银行的董事。有一次，董事会正在讨论我们的贷款问题。为了不让其他董事会成员有提出异议的机会，斯蒂

洛克菲勒格言

我不靠天赐的运气活着，但我要靠策划运气来使自己更发达。

尔曼·维特董事拿来了他的保险柜，指着保险柜说：

“诸位，这些年轻人有良好的信誉。如果他们想贷款，我希望银行毫不犹豫地贷给他们。如果你们还觉得不放心的话，我这个保险柜可以为他们作担保。”

为了节约成本，我们当时通常采取水运方式来运输石油，并通过大举借债来支付这些费用。我们已经从另一家银行获得了大笔贷款，那家银行的行长告诉我，董事会已经在讨论我们的贷款，并且可能约我去面谈。我回答说：“能够和董事会见面令我深感荣幸，因为我们正在计划申请更多的贷款。”毫无疑问，我们得到了贷款，但是并没有人约我去面谈。

恐怕我对银行、金钱和生意讲得太多了。花费所有的时间，为了挣钱而挣钱，是世界上最无耻、最悲哀的事情。如果年轻四十岁，我很乐意重返商界，因为和机智风趣的人打交道是很快乐的事情。但是我有许多兴趣爱好来打发时间，所以我更愿意利用余生去完成我生命中尚未完成的计划。

我从16岁开始，到55岁退出纷繁复杂的商界，工作了很长时间，但我必须承认，在此期间我会经常度过一些非常美妙的假期，因为我有最精干的团队，有最优秀的人才帮我分担重任。

我是一个重视细节的人。我的第一份工作是簿记员，不论多么细微的数据，我都极其重视，我总是执着地追求细节。在早期，公司和

洛克菲勒
格言

富有远见的商人，总是善于从每次灾难中寻找机会。

会计有关的工作都会交给我。我有着追求细节的强烈热忱，而这正是我后来不得不强迫自己去克服的。

我曾在纽约波肯提克山庄的一栋旧房子里住了许多年。它那优美的景色可以让人的心灵得到释放，我们在那里过着简单平静的生活。我在那儿研究美丽的景色和树木，以及由哈德逊河形成的景观效应，度过了许多美好的时光，尽管我那时本该惜时如金地投入到我的事业中去，所以我担心别人把我看成懒惰之人。

“勤奋的商人”这个词，让我想起了克利夫兰的一位旧友，他在事业上可谓鞠躬尽瘁。我曾和他谈到我的一个爱好——人们称之为“园林艺术”，但对我而言不过是在树林中设计小径什么的——他觉得非常无聊。35年来，这位朋友直接否定了我的爱好，他认为商人不应该将时间浪费在愚蠢的事情上。

在一个景致宜人的春天的下午，我请他来观赏我花园里新铺的小径——对于一个商人来说，这在当时是一个冲动而鲁莽的提议——我甚至告诉他，我将会热情地款待他。

“我来不了，约翰，”他说，“我今天下午有重要的事情。”

“虽然这样，”我还是劝他说，“你看到那些小径会很开心的——两旁的大树……”

“约翰，请继续说你的树和小径吧。今天下午有一艘矿砂船到港，我的工厂正等着。”他满意地搓着手说，“我情愿错过欣赏基督

洛克菲勒格言

等待运气的时候，要知道如何引导运气。设计运气，就是设计人生。

教界所有的林间小径，也不想错过看见它开进来。”他卖给贝西默钢轨合伙公司的矿砂，每吨售价是120美元到130美元，如果他的工厂为了等待矿砂而停工一分钟，他会觉得自己正在错过一生的机遇。

正是这个人，经常神经紧绷地遥望湖面，希望能看到运砂船的影子。一天，他的一位朋友问他是否看到了船。

“没看到，”他很不情愿地承认，“但它时刻在我眼前。”

在克利夫兰，矿砂业是最主要且最具诱惑性的行业。在50年前，我的老东家以每吨4美元的价格从马凯特地区购进矿砂。再想想数年之后，这个曾经的园匠以每吨80美分的价格购进整船的矿砂，并由此发财。

这是我自己在矿砂业发展的经历，我在后面将另行介绍。我想先讲讲我坚持了30年的园林艺术爱好。

洛克菲勒
格言

失去了工作，就等于失去了快乐。然而，有些人却要在失去工作之后才能体会到这一点！

景观路规划的乐趣

我自称业余景观设计师，很多人（包括一些老朋友在内）可能会对此感到惊讶，不过我甚至为家里聘请了一位非常专业的景观设计师，以确保我不会破坏自己的家。我们需要解决的问题，就是在波肯提克山庄找到最适合建房子的位置。我认为，我的优势就是熟悉这里的一草一木，每棵参天大树都是我的朋友，我还非常熟悉每一个角度的风景，因为我已经研究过不下百遍。于是，在这位伟大的设计师画好设计图、立下标桩之后，我问他能不能让我尝试一下。

几天之后，我画好了图纸，设计的道路刚好能捕捉到上山路途中最惊艳的美景。在路的尽头，是蜿蜒流淌于山峦之间的河流、漂浮于空中的白云，整个山庄的美景一览无余地展现在眼前。这就是我设计的路线和房子的最佳位置。

“你好好看看，哪个方案更好？”我说。让我感到骄傲的是，这位权威人士最终接受了我的方案，他认为我的规划设计可以展现最美丽的景色，并同意了我对房子的选址。我已经计算不出我总共规划了多少公里这种景观路，但我常常会为此不辞辛劳，竭尽所能。我会经常

洛克菲勒
格言

我从来没有体验过失业的滋味，这并不是我有多么好的运气，而是因为我从来不认为工作中没有乐趣，也从来不认为工作是一种苦役。相反，我能从工作中找到无限的乐趣。

开车去考察路况，直到天黑下来，完全看不到路边的标桩和路标。我和大家谈这些事情，未免有自吹自擂之嫌，但它们或许可以为我的故事增添一些趣味性，因为在我的故事里面生意部分占的比例太大了。

我做生意的方式和同时期一些成就斐然的商人有所不同，但这也让我有了更多的自由。即使标准石油公司的业务转移到纽约之后，我仍在克利夫兰的家中度过大部分时间，而且至今仍然如此。我会在必要的时候去纽约，但我基本上是通过电报来处理公司的事情，其余时间用于发展我自己的兴趣，比如规划景观路、植树、养护森林和苗圃。

我认为在所有盈利的项目中，收益最丰厚的当属我们新开发的苗圃。我们在每个地方都保留了账本，我不久前查看了一份记录，它记载了将幼树从威斯特郡移植到新泽西州木湖市的情况，我竟然惊奇地看到了植物的升值空间。我们种了上千棵小树，其中大部分是常青树——我认为我们甚至可以种上万棵树，让它们自然生长，用于日后的种植计划。如果我们将这些小树从波肯提克山庄移植到木湖市的家里，我们自己做自己的客户，按照市场价来计算的话，在波肯提克山庄买入的价格是每株小树5美分或10美分，而在木湖市的买入价格却高达1.5美元或2美元。

和其他行业一样，大规模投资在种植业也很容易凸显优势。栽种、移植大树（我所指的大树是直径在10英寸到20英寸之间或者更大

洛克菲勒

格言

工作以最卑微的储蓄形式表现出来，并且奠定人生幸福的基础；工作是给生命增滋添味的食盐。

的）所获得的快乐和满足感，一直是我的乐趣。我们制造自己的挖树机，培养自己的工人，只要你学会如何与这些精灵相处，那么树木将完全受你支配。我们移植过高达90英尺的树，但大部分是七八十英尺的。这些当然都不是小树。我们曾尝试过移植不同种类的树，甚至包括专家认为不能成功移植的一些树。最大胆的试验是移植马栗。我们远距离运输大树，有时甚至在它们开花之后移植。每株树的运输成本为20美元，大部分都能赚钱。我们做得很成功，并且越做胆子越大，甚至尝试了移植不应季的植物，结果都非常令人满意。

我们尝试过几百种应季和不应季的树，总损失低于10%，大概在6%或7%。每个季节移植树木的失败率大概是3%。一些移植的大树的生长，有时候可能会延迟两年，但这只是小问题，因为年华渐老的人希望立刻达到他们想要的效果，而现代的挖树机可以帮他们实现这一梦想。我们曾将大株云杉进行分类排列，以达到我们想要的效果，有时这些树会覆盖整片山坡。我们从未成功移植过橡树，除非在它们比较小的时候，而且当橡树和山胡桃树接近成熟的时候，我们从不去移植。不过，我们曾成功地移植过椴木，甚至连续三次移植都没有损伤。桦树的移植有些困难，但除了西洋杉之外，几乎所有的常青树都能成功移植。

我一直热衷于园林规划。当我还是孩童的时候，曾想把餐厅窗外的一棵大树砍掉，因为我觉得它挡住了窗外的景色。我想砍掉它，

洛克菲勒**格言**

一个人野心不论有多大，他至少要先起步，然后才能到达顶峰。

家里有些人反对，但是亲爱的妈妈却支持我，因为有一天她对我说：“儿子，我们8点吃早餐，如果这棵树在这之前就已经倒了，大家看到曾经被遮住的美景时，就不会再抱怨了。”

于是，我按照妈妈的话采取了行动。

我退休后的生活

6:30	起床
7:00~8:00	看报
8:00~8:30	早饭
8:30~8:45	聊天
8:45~10:00	处理业务事项
10:00~12:00	打高尔夫球
12:00~13:15	洗澡和休息
13:15~15:00	午饭并玩数字游戏
15:00~17:00	坐汽车散心
17:00~19:00	休息，听别人读书报
19:00~22:00	晚饭，玩数字游戏，听侍从演奏音乐
22:00	就寝

洛克菲勒
格言

收入只是工作的副产品。只要做好应该做的事情，出色地完成应该完成的工作，理想的报酬必然会到来。

第二章

聚敛财富是一门艺术

家庭教育

父亲传授给我许多实用的技巧。他曾在不同的企业里工作。过去他经常给我讲发生在他工作中的故事，教给了我不少商业上的法则。当我还是个孩子的时候，我就有一本小册子，我记得我曾称它为记账簿。这个小册子到现在我还珍藏着，里面标明了我的所获和花销，还有我按时捐出的微薄的善款。

一般来说，收入中等的人家，家庭成员之间的关系更加亲密，他们需要一起负担的家庭事务也更多，这不同于富裕的家庭，任何事情都可以指使佣人。我很高兴我成长在第一种家庭。我七八岁的时候，在母亲的资助下尝试了人生第一次经商。我喂养了许多只火鸡，用妈妈给的一些干奶酪给它们当饲料。我独自照看它们，等它们长大后就将它们出售，此时我的记账簿上只有进项，因为没有什么是需要我去花费的。尽管如此我还是认认真真地记录着，每一条都写得一清二楚。

这种小生意很值得回味。时至今日，闭上双眼，我依旧能够清楚地瞧见那些火鸡姿态优美地在小溪边散步，或是静静地走过树林，十分谨慎地回到它们的窝。时至今日，我一直都很喜欢火鸡，并且总会

洛克菲勒
格言

工作是一种态度，它决定了我们快乐与否。

用一些时间来观察它们。

母亲对我们的要求很严格，我们只要被她发现了变坏的迹象，马上就会受到桦树条的鞭打。有一回，因为我在课堂上捣乱而被母亲惩罚。挨过打以后，我才猛然发现这次不是我的错。

事已至此，妈妈说："打都打过了，就当作给下一次作准备吧，如果你再犯错就免去挨打了。"总的来说，母亲是一个公正的人。还记得有一天晚上，我抵挡不住诱惑，和几个男孩跑出去溜冰，哪怕是大人早已告诫我们不允许这样做。谁知我们还没踏上冰面，就听到了呼救的声音，随后我们发现是一个邻居掉在冰层下面溺水了。我们向冰下伸出了一根长长的杆子，成功地救他上来了。他的家人对我们深表感激。尽管偷偷出去溜冰而救人的事只是巧遇，但是我和我的兄弟威廉全都觉得，我们不听告诫是可以原谅的，虽然并不是每一次偷偷出去溜冰都会救人一命，但我们也是功不可没。后来证明我们的观点是不对的。

记账本A

手套一副	2.5美元
教会捐献	0.1美元
救济贫困男子	0.25美元
救济贫困女子	0.5美元
膳食	
洗衣	
租马	
杂项	
……	
超支	

洛克菲勒格言

我们的劳动带给我们的最高报酬，并不是我们所获得的薪水，而是我们会因此而成为什么。

开始工作

16岁那年，我正在读高中，马上就要学完中学的课程了，父母原打算送我去念大学，但最终还是决定让我先去克利夫兰的商业学校学上几个月，那里传授会计和一些商业贸易方面的理论常识。虽然只是为期几个月的学习，却使我受益匪浅。可是要如何去找工作还是个难题。我寻遍街头巷角，问那些经理和老板是否需要雇人，但都被他们回绝了。没有人想要聘用一个孩子，一些人甚至不愿意花费时间和我交谈。最后，克利夫兰码头的一个人让我吃完午饭去他那里试试。我万分欣喜，心想我终于有份工作了。

我非常紧张，很担心丢掉这来之不易的机会。等到了面试的时间，我去了我今后老板的公司。

“我们可以给你一次机会。”他说，可是一点也没提到薪水的问题。那一天是1855年9月26日，我满怀喜悦地上岗了。公司的名字叫赫维特—塔特尔。

在工作上我具备一些优点。就像上文我所提到的，父亲给的知识十分有效，商业学校的教程也让我掌握了商业贸易的基本准则，这为

洛克菲勒 格言

如果你赋予工作意义，那么不论工作大小，都会让你感受到快乐。自我设定的成绩不论高低，都会让你对工作产生兴趣。

我奠定了良好的根基。与此同时，我很庆幸我能在一位优秀的前辈身边学习，他勤奋刻苦，认认真真，并且对我非常热心。

转瞬就是1856年。塔特尔先生付给我50美元，算是对我三个月的酬劳。我觉得这和我的劳动成正比，我十分高兴。

第二年，我的月薪是25美元，还是在以前的岗位，更具体地了解了公司的业务并负责一些文书工作。我们公司经营的主要项目是代理批发和运输农产品，我所在的部门是财务部。我的上司是公司的财务总管，他的年薪加上奖金，会有2000美元。那一年年底，他从公司离职后，我接续了他的文书和簿记工作，我的年收入达到500美元。

回望这段学徒岁月，我十分感慨，这段经历对我以后的发展产生了巨大的影响。

首先，我的工作地点就在公司。他们探讨问题、拟订计划、最终决策的时候，我差不多都亲眼所见，所以我比同龄的男孩占了一点优势，而事实上，他们可能比我头脑更灵活，计算和书写也都比我好。公司多方经营，所以我汲取的知识也很多元化。公司有住宅区、仓库、办公楼等供租借，由我来收租金。我们的货物主要通过铁运和水运，时常需要进行不同性质的商业洽谈，而这些都是需要我紧密配合的。

与许多现在的员工相比，我的工作要快乐很多，因为我热爱我的工作。慢慢地，我熟悉了所有账目的审计。我是核查所有账目的第一

洛克菲勒格言

如果你视工作为乐趣，你的人生就会变成天堂；如果你视工作为义务，你的人生就会变成地狱。检视一下你的工作态度，那会让我们都感到无比愉快的。

关，而我也毫不懈怠地履行着我的职责。

还记得那一天，我造访邻居的公司，恰巧碰到当地的一位铅管工来收账。这位邻居十分忙碌，我总感觉他旗下的公司数不过来。他只看了一眼账单，就对簿记员说：“请把这位先生的账结了。”

我们两家公司同用一位铅管工，我每次都会亲自核查他的账单，认真研究每一条收费，即使是一点小钱也不能让公司浪费。我做事情的态度永远都不会像我的邻居那样草率。我对此事的看法等同于许多今天的年轻人，那就是，这些账单将使老板口袋里的钱掉进别人的腰包，我一定要仔细核对，甚至比花自己的钱更细致谨慎。如果经商像我邻居一样，我相信那不可能成功。

通过规整账单、查收租金、计算索赔等工作，我与各种各样的人打交道。我必须学会对不同的人采用不同的方法，并使他们与公司的关系融洽。谈判非常需要技巧，我倾尽全力争取让双方都满意。

例如我们经常接手大理石，把这些大理石从佛蒙特州运到克利夫兰，一路要通过铁运、河运、湖运多程传送。运送过程中所造成的一切损失将由三方承运人共同负责，而三者所承担的责任大小都是要事先协定的。怎样既协调好三者关系，又能让我的老板满意，这对于一个十七岁的男孩子来讲，确实需要好好考虑。可是我却不认为这个任务有多艰难，我记得我从没有和承运人发生过口角。在容易受到外界侵扰的年龄，处理这类棘手事物，遭遇紧急情况，可以向前辈求教，

洛克菲勒 格言

如果你不采取行动，那么即使是世界上最实用、最经典、最可行的哲学，也难以行得通。

他们的经验对我来讲十分珍贵。这是我学习谈判技巧的起始阶段，随后我将更全面地谈谈这一点。

全力以赴地工作，并从中不断磨练自己，让我受益良多。

当时我的工资还比不上今天同等职位的薪水的一半。第二年公司才给我年薪700美元，但他们真正应该付我800美元。直到四月公司也没给我一个我能接受的理由。恰巧一个可以做生意的机遇出现在我面前，我就辞职经商了。

在那时的克利夫兰，每个人几乎都是彼此相识的。一位名叫克拉克（M. B. Clark）的商人，年龄能比我大十多岁，当时想要办一家公司，正在寻找合作伙伴。他有2000美元，要求他的合伙人也出一样多的钱。这对于我来讲真是个不错的机遇。我手里有七八百美元的存款，可是怎么解决剩下的钱仍让人头疼。

我把这件事说给了父亲，他告诉我他原计划在每个孩子21岁的时候给他们1000美元。如果我现在需要的话，他可以提前把钱给我，但是前提条件是，我在21岁之前，必须要还利息。

“约翰，我的利息是10%。”他认真地补充说。

年利率10%在当时并不高。虽然跟银行比是多了些，但因为金融机构不能满足人们的一切需求，所以民间也有许多放高利贷的。因为我很需要这笔钱入股，就爽快地接受了父亲的要求，成为了公司的创始人之一，我们公司的名字就叫克拉克—洛克菲勒。

洛克菲勒格言

只要你肯积极地采取行动，就会离成功越来越近。

做自己的生意很让人兴奋，我获得了极大的成就感。我在一家拥有4000美元资金的公司里占了一半的股份。克拉克先生负责购买和销售，我负责记账和资金周转。我们的生意很快就兴旺了起来，因此也就需要更多的资金来拓宽业务渠道。怎么才能弄来资金呢？办法只有一个，那就是从银行贷款。可是银行会帮我们吗？

洛克菲勒格言

没有行动就没有结果，世界上的每一件东西都是由一个个想法付诸实施之后才获得的。

第一笔贷款

我去拜访一位相识的银行行长，我知道自己有多期盼得到那笔贷款，我极力想给他留下良好的印象。这位银行家叫汉迪（T. P. Handy），是一位和蔼可亲的老先生，以好脾气而出名。从业五十年来，他为许多年轻人提供过帮助。早在我求学的时候，我们就相识了。我向他介绍了公司的一切，毫不保留地给他讲述了我们所做的业务范围，并明确地说明了我们将如何投资。之后，我忐忑不安又满眼期待地等候他的决定。

“多少钱够你用？”他问。

“2000美元。”我说。

“好吧，我可以帮助你，洛克菲勒，你只要把你们仓库的收据给我就可以了。”他回答说。

走出银行的时候，我高兴得情不自禁。我昂首思考了一会儿，银行居然会借2000美元给我！我突然觉得自己是个十分重要的人。

自此，我与汉迪行长相交多年。他总在我资金匮乏的时候帮助我，而我好像是时时刻刻都需要资金，并且是要拿走他的资金的全

洛克菲勒格言

人生是买不到万无一失的保险的，但我们可以做到一点，那就是下定决心，去实行我们的计划。

部。我一直对他心存感激，我向他介绍了一些标准石油的股票。他说他也想买，但一时拿不出足够的钱，我主动提出借钱给他。后来他收回了本钱，并取得了为数可观的收益。相识这么多年，他一直对我十分信任，这对我来说真是荣幸之至。

记账本B

工作第一年投资在猪油和猪肉的一笔生意收益：

父亲	27.24美元
母亲	6.59美元
威廉弟弟	8.7美元
自己获利	159.39美元

洛克菲勒格言

那些积极主动的人，会用他们的决心点燃心灵的火花，想出各种办法去完成他们的心愿，他们更有勇气克服前进中所遇到的重重困难。

恪守商业原则

汉迪先生对我之所以信任，是因为他坚信我们会小心而合理地经营我们新成立的公司。于当时发生的一件事我记忆犹新。这件事很准确地说明了，有时候为自己认为正确的商业原则而坚持是非常艰难的。那时公司刚刚创立，一位对我们来说最重要的客户，也就是运输量最大的客户，让我们在收到提单之前提前放货给他。对于这个重要客户的要求，我也想过答应他。但是，身为公司的财务人员，我说不行，虽然我也担心这位客户不再与我们合作。

事情看起来很糟糕。我的合伙人非常气恼，他不懂我为什么不能够妥协。在这种紧张的局面下，我决定亲自去走访一下客户，看看事情还有没有缓和的余地。往常，在与别人促膝长谈时，我总能看到他们友好的表示，而合伙人的不满也激励着我力挽败局。我认为，和这位先生沟通之后，我能让他知道他的要求将给我们公司带来什么后果。我在大脑中演练了一遍我要说的话，我的逻辑缜密，能够让人信服。我去见他，有理有据地说出了我的道理，可是他却火冒三丈，最终我羞愧地对我的合伙人说，我没有成功，事实和我预期的不一样。

洛克菲勒格言

一个人只有自己依靠自己，才不会让自己失望，并且能增加自己掌控命运的机会。智者只会积极主动地促使事情发生。

很显然，我的合伙人很害怕失去这样一个大客户。但是我必须坚守我自己的商业原则，不能为了货主而改变。令我吃惊和激动的是，这位客户依旧保持和我们合作，好像任何事都没有发生，他再也没有向我要求提前发货的事。后来我听说这位客户有一位关系密切的银行家朋友叫约翰·加德纳（John Gardener），他住在诺瓦克，他对这件事情一直非常关注。直到现在，我仍然认为这是加德纳为朋友建议的考验我们的方法，试试我们是否会违背自己的商业信条。这种对商业原则的遵守使我们获得了许多商机。

距这不远后，我独自出去寻找市场。我之前从没尝试过这样的工作，我差不多造访了我附近所有跟我所从事的行业有一点关联的人，足迹也遍布了俄亥俄州和印第安纳州，我认为最可取的办法就是先将公司作一个简单介绍，而不是急于推销我们的服务。我先让他们知道我们是克拉克—洛克菲勒公司，公司经营农产品贸易，我们没有任何去干扰他们目前经营现状的意思，如果能有幸为大家服务的话，我们愿意竭尽全力。

鼓舞人心的是，生意很快就纷纷而来，都有点让人应接不暇。公司成立还不到一周年，我们的销售业绩居然达到了50万美元。

然后，更准确点说应该是在随后的许多年里，我们不断地积累资金以维持和拓展业务。成功一次次到来，可是在每天晚上上床之前，我都这样告诫自己：

洛克菲勒
格言

要想吃掉大象，必须一口一口地吃。做事情也同样如此，要想做完所有的事情，只会让机会溜掉。

“现在的成功还微不足道，很快你就会有所闪失，就会狠狠跌倒。不要因为开了个好头，就自我感觉是个卓越的商人了。谨慎点，不要趾高气扬，要慢下来稳稳地走。”

我相信，这些心理暗示的话对我的生活产生了很大的影响。我总是害怕自己守不住成功，于是我反复地提醒自己不要自我膨胀。

父亲借给我很多钱。这种在金钱上的关系给了我一种潜在的压力，在当时可不像现在回首往事时一样轻松。他总是对我说如果我做生意缺钱，他可以先借给我一些周转。我的手中一直缺少资金，对父亲的做法我十分感激，即使他收10%的利息。然而有时他也会在我经济最困难时对我说：“儿子，把那些钱还给我，我急着用。”

我会说：“好的，理所当然，我立刻就拿给你。”但我知道那钱他并不是急着要用，我还钱给他之后，他把钱分毫不动地存起来，等过一段时间以后再借给我。我得说这看似微小的约束，可能对我产生了一些帮助。可是我不太喜欢他以这种方式来检测我的经济实力，看我是否能承受突如其来的困境。当然，他从没和我说过这一点。

洛克菲勒 格言

我们这个世界总是有很多有想法、有主意的人，但是，成功地将一个好主意付诸实现，比在家空想出上千个好主意更有价值。

10%的利率

向父亲贷款的事情让我想起了美国的早些年，贷款利率的高低是人们经常讨论的话题。有许多人说10%简直就是抢劫，只有道德沦丧的人才会收这样的暴利。但我认为这样高利率的贷款是有一定合理性的，如果贷款不能带来更多好处的话，那就不会有人多花10%、5%或是3%去贷款了。虽然当时我始终都是借钱的一方，但我从不思考利率的问题。

我曾无数次和别人展开激烈且持久的讨论，其中一位房东太太的言论让我至今难忘。我和威廉上学时一直寄宿在她家，我很喜欢和她交流，她是一个精明的女人，也有出色的口才。那时她每周只收我们一美元的食宿费，却对我们很照顾，所以我非常喜欢他。在当时的一些小镇里，大多数食品都来自于自己家的耕种，所以食宿费的价格大致都这样。

对于放高利贷的行为，这位可敬的女士表现出了强烈的不满。就这一问题我们经常探讨。我经常向父亲贷利率为10%的款，她知道。可是就算我们分析得再多，利率也不会就此而降。只有在现金十分充裕

洛克菲勒 格言

习惯的绳索不是将我们引领到高峰，就是引领我们跌落谷底，这主要得看它是好习惯还是坏习惯。

的情况下，利率才会下降。

我发现一个有关商业方面的现象：既定的经济理论很难影响到公众的意见，公众对匆忙制定的条例条规不可能有较高的认知。

为企业集资这样艰难的事情现在的人们恐怕都想不出来。在西部一些偏僻的地方，更高利率的贷款也有人放，而个人就是这些贷款风险的承担者。今天与昨日的商业环境相比较真是大不相同。

借条

借老洛克菲勒1000美元，年利息为10%。

洛克菲勒

格言

为了胜利，你需要行动，行动，再行动！永远行动！这样，你的安全就能得到保障。

反应迅速的贷款人

关于去银行贷款的故事，那一次艰难卓绝的经历我永远难忘。一家大型企业进入了我们的收购计划，他们要了现金几十万美元的高价，他们不想要证券。快到中午的时候，我才收到消息，而且必须限定在下午 3 点前完成。我驱车造访了许多家银行，找遍了我认识的每一个人，大至行长，小到出纳员，恳求他们竭尽全力帮我。我请求他们帮我备好现金，随后我来取走。市里所有的银行我都光顾到，又返回来逐家银行去取现。就这样，3 点前我终于筹集够了完成交易的资金。回首那些时光，我像一个艰苦跋涉的登山者，每天忙着寻找新客户、视察工厂、回访老朋友、拟订计划、拓宽业务——这就是我每天的全部工作。而这些都要求高效率的工作。

洛克菲勒格言

任何竞争都不是轻松的游戏，而是充满活力、需要密切关注，并不断作出决定的游戏。

筹集教会资金

在我十七八岁的时候，我被推举为教堂的理事。我在教会的分堂任职，主堂教友对我们的言论我时常听到，无非是说我们没有主堂好。为了争这一口气，我下定决心办好分堂，以便向他们证明我们也可以自食其力。

我们的教堂比较小，却对外借款2000美元，这对教堂来说是有点丢脸的事情。

很早之前债主就催着还款，但他几乎连利息也难收回，于是就以卖掉教堂对我们相胁迫。这位债主在教会里掌管些事情，虽说如此，他依旧坚持要收回自己的钱，也许他真的有急迫的需要。归根结底，如果不能还钱，他就要卖掉教堂。事情最后的结果是：在一个周日的上午，讲坛上的牧师宣布，这些钱将由所有教友来集资，否则教堂将不再属于我们。这样，教堂门口就出现了我的身影，低着头向每一位前来做礼拜的教友募资。

我拦住每一个过来的人，告诉他教堂遇到了困难需要他的帮助，我言辞真切，态度诚恳，对每一位募捐者我都在我的小本子上记下他

洛克菲勒格言

邪恶的、不道德的行为非常危险，它会让一个人失去尊严，甚至可能让他蹲监狱。

的名字和他所捐的份额，然后再劝下一个人捐款。

这次劝募活动连续进行了几个月。捐款的数额各不相同，有的人只捐了几美分；也有大方的，捐了25美分或50美分，而且每周都捐。通过这些小小的款项，我们筹到了2000美元。为教堂募集2000美元的善款，这个计划深深地吸引了我，我全力以赴地筹集资金。这件事情，以及其他类似的活动，点燃了我最初的赚钱欲望。

最后，我们还清了那2000美元。那天还清贷款后，我们都觉得无比畅快。我希望让主堂的人另眼相待，让他们深感惭愧，可我现在却记不起来当初他们吃惊的样子。

当时，筹募资金，负担起自己的责任对我来说是十分有意义的事，我深感自豪，而不觉得卑微。我一直坚持着做募资，直到越来越重的责任和担子压在我的肩上，我才把这无力顾及的事情转交给别人代劳。

洛克菲勒格言

没有挑战，就不会有成功。不要因为一次失败就停下脚步。战胜自己，你就是最终的胜者！

第三章

标准石油公司：世界上最简单的经营哲学

序

在一个部门众多的企业中，如果没有一两个思维独特的人，那是很奇怪的现象。在工作和学习中，这样的人总会有许多让人费解的地方。哪怕在一些相对小点的企业里，也会有这样的人，如果拿这些人来代替企业成员的性格或者整个企业的底蕴，很显然是片面的。

有一些谣言说，我的合伙人之所以加入标准石油公司是受了我的强迫。我还不至于这样手段卑劣。如果这种方法出自于我，这些人怎么还会愿意与我携手终生？怎么还甘心工作在公司的重要岗位上？假如他们都是任人宰割的人，我将依靠什么建立这样强大而团结的团队？怎么创造互爱、和谐、高效的环境？我们的企业不只是为了生存，而是要越做越强。以往这十四年，公司的经营我几乎不插手。近十年来，公司的办公室我也就去过一次。

那是1907年的夏天，我又一次来到了标准石油公司最高层的房间，多年来，公司的管理层就在此共进午餐。令我感到惊喜的是，那些在我上次来时还是小职员的人，现在都已成长为公司的主要力

洛克菲勒**格言**

一位优秀的指挥官，不会攻打无关紧要的堡垒，而是集中全力摧毁那个足以攻陷全城的堡垒。

量。饭后我找许多老同事谈话，我发现那种团结、共进的精神依旧保持着，这真让我感到欣慰。这种团结无间的集体饮食方法是我一直提倡的，使100多人和谐地坐在长桌边，初看好像是不值一提的事情。假如这些人是不得已坐在一起，他们还会在漫长的日子里相处融洽吗？在这种情况下工作或生活的人，是不可能保持长期的友好关系的。

标准石油公司慢慢成长强大，以比原先更低的价格为人们提供石油产品。它的服务以诚实为中心，逐渐扩散、流传到偏远的乡镇及更远的地方，走进千家万户，把便利送给大家。在全世界都有标准石油公司的服务。例如公司有多达3000辆的油罐车，为欧洲的乡镇村庄送去持续不断的石油。在中国、日本、印度以及其他一些国家，我们也具备这样的服务体系，这一切都来自于我们的勤奋工作。

把产品直接销售给消费者的办法和公司的快速发展，使得公司内部产生了一些抵触情绪，我认为这种现象不可回避。但据我观察，许多行业效仿了我们的做法，却听不到有谁强烈反对。

这种现象真耐人寻味，我总是思考，我们为什么会成为众矢之的？就是因为我们是创新发展的第一人，大规模采用产品直销的方式是由我们公司开创的。但是与各商家公平竞争一直是我们的原则，我们将每一个人的权益都全面考虑。我们从没有想过去侵占竞争对手的市场，或是通过价格手段及间谍系统将对手逼上绝路。我们只是尽力

洛克菲勒格言

每一场至关重要的竞争，都是一场决定命运的大战。“后退就是投降！后退将沦为奴隶！”

完成自己对自己的要求，以最快速、最广泛的销售渠道来增大石油的消费量。下面我就把具体情况描述一下：

为了取得在石油行业中的优势，我们竭尽全力地开拓市场，我们需要更高的消费量。为此我们必须开辟新的销售渠道，争取卖出比以前多一倍、两倍甚至三倍的石油，这依靠从前的销售办法根本就不可能实现。其他石油商人的领地我们绝不蓄意踏入，但如果看见新的商机出现，我们会拼尽全力争取。他人在运作的业务我们也开始着手经营。随着公司的壮大，我们需要不断地招聘新人，尤其是在管理岗位上。当然，如果能从公司内部的年轻员工中选拔出适用的高级管理人才，显然是最好的方法。但我们的进程太快，没有时间这样做，我们只能从外界招聘。在这些新来的员工中，有人为了增加销售业绩，不惜采取低劣的手段，这并不奇怪，但他们的所作所为已经和公司的理念及价值观相违背。虽然这些案例在公司众多的商业交往中只是九牛一毛，但对我一开篇所说的规律性也是很好的证明。

多年以来，标准石油公司每周为国家创造100多万美元的财富，这些产品全部来自美国人民的劳动。这一数字真让我感到骄傲。与此同时，当事实的真相被他们了解了以后，我坚信大多数的美国人也会为此倍感骄傲。

如此多的成就见证了这一外贸行业的发展。运用船舶这种最经济的运载工具大批量的输送石油，并在全世界的石油市场安排员工，这

洛克菲勒**格言**

我们应该以钢铁般的决心，去迎接各种各样的挑战和竞争，而且要情绪高昂，乐在其中。

都需要大量的投资。除了当时的标准石油公司，别的企业都无法筹集和掌控如此巨大的资金。

那时的石油行业被认为是一个高风险的行业，就像煤矿业一样饱受民众诟病。我有一位优秀的老朋友托马斯·阿米塔格（Thomas W. Armitage）牧师，他在纽约的一个大教堂连续工作了40年。他曾劝我，不要作扩建工厂这样愚笨的决定。他不看好我公司的前景，因为能源将面临枯竭的问题，到时购买量会下降。除了他，还有许多人，有时候我觉得是全部的人，都认为我会彻底失败。

获得今天这样的成功，真是超出我的想象。我们兢兢业业地工作，拟定目标，把握商机，每一步都脚踏实地。就像我在上文提到的那样，最难解决的问题就是资金，而这一高危行业很难得到保守的投资者关注。资金充足的人不敢接触，尽管他们也会给我们提供一定限度的帮助。他们偶尔试探着买我们一点股票，但我们也深深地了解他们，我们那些上市的新股，他们会以各种漂亮委婉的理由拒绝购买。

作为一个全新理念的企业，它取得的一切成功不时会遭到一些股权人质疑。为了维持公司的正常运营，我们必须时常清点存货，但我们对公司的内在实力满怀信心，一切责任我们都甘愿承担。总有一些这样的人，为了实现心中的梦想而不顾一切。一旦未能成功，空想家、不切实际的人就是他们的代名词，而这种情况也时常发生。

洛克菲勒
格言

扔杖不能替代强健有力的双脚，我们要靠自己的双脚站起来。

六万名员工为公司年复一年地勤劳工作。去年经济萧条，可是标准石油公司依旧按照自己原定的计划在运营。资金不足，条件艰难，但是新工厂和楼房的建设一点也没有延期。我们支付的薪水让员工满意，并时刻关注他们的健康状况，还为大家提供养老补贴。大规模罢工这样的事件从未在公司出现过。一个公司，无论成败，首先都要处理好员工的福利问题，我认为这就是最好的企业管理方法。

还有一点要说的是，我们这只别人口中的“章鱼”（当时，一些爱爆料别人隐私的文人称托拉斯企业标准石油公司为“章鱼”）在资金管理上，从不掺任何水分（因为水根本无法掩饰油），在那些年里，标准石油公司没欠过任何人的债。我们在亏损后也曾大量地裁员，但在公众债券和股票上我们却不敢取巧，任何包销、抛售的策略我们都从未采取过，并且响应国家的需要，如果国家要开发新油田，我们必定会资助。

人们总是说我们淘汰了其他竞争者，这种看法是大错特错的。一个企业总是要面对很多的竞争者，从昨天至今日，再至以后，都无法改变。企业要想获取生存的空间，依靠的办法只能是完善的管理、合理的经营，以及保证员工的活力。还是粗浅地说一下竞争力吧。除去炼油工业上的竞争先不谈，光是石油副产品在制造和销售上的比拼就极其激烈。在外国市场上的竞争可能是最激烈的。俄国的石油产品与我们公司的产品一直相抗衡，共同占领着欧洲、印度及缅甸的市场。

洛克菲勒格言

借钱并不是什么坏事，只要你在遭遇危机的时候使用它，把它看成一种有力的工具，那么借钱不仅不会让你破产，还会帮助你开创机会。

在这些地方，我们压力重重，必须面对关税、本地人民的偏好、独特的风俗习惯等等。在许多国家，例如在中国，我们必须手把手地指导才能教会当地人使用油灯；还有那些世界上最落后的地方，骆驼成了我们运输石油的主要工具，有时还要通过人工搬运。我们不断完善自己的产品，以适应人们的不同需求。每次我们在国外的市场上争得了一席之地，便预示着财富流入了我们的国家；反过来我们失败了，则意味着我们国家的资源和劳动人民的辛苦被浪费。

美国的国务院从华盛顿给我们送来了大力的支持，在标准石油公司迈向海外的道路上，我们的大使、公使，还有领事，为我们提供了源源不断的帮助。

标准石油公司迅猛发展，许多伟大的构想都一一实现。所以，在我离职十四年后的今天，我可以毫无顾忌地和大家畅谈公司的一切。

标准石油的发展也是历经坎坷，它不是依靠个人取得成功的，它的成功来自于一个团结奋进、目标一致的优秀团队。如果公司的管理层放宽标准，降低对产品质量的要求，对待客户的态度恶劣，那么公司将很难生存。就算是取得了偶尔的成功，也将是转瞬即逝的流星。关于我们公司的一些负面报道，可能会让人误以为在这样一个有绝对竞争力的企业里，管理人员不必很费心，只要按部就班地工作，等着拿奖金就行了。事情却远非如此。在此我把我最诚挚的敬意献给我辛勤工作的同事，你们不仅仅是服务于公司，更是把热情贡献给了国家

洛克菲勒

格言

一美元的生意远远不如一百美元的生意挣得多。

的贸易事业。我们的石油产品一多半是销往国外的。如果公司在经营和管理方面出现了问题的话，我将抛出自己的股份，毫不吝惜。只有最优秀、最忠诚的管理人才，才能打造最成功的企业。强者生存，优秀的人必将到达顶点的位置。

下面，我将谈谈标准石油公司的开创和一些前期的计划。

洛克菲勒格言

不论是想赢得财富，还是想赢得人生，对于优秀的竞技者而言，他们在竞技中所要想的，不是输了会怎样，而是要想成为胜利者应该做什么。

现代企业

不用怀疑，至今仍有一些公众对我们的企业集团质疑。我可以理解这种质疑，道德决定了一个公司的好坏，这和人一样。但仅仅是因为一些不好的公司存在，就否定一切企业集团，将它们等同去看，是非常不理智的。企业集团的经营模式得以保留，说明它还是有一定的可取之处的。许多小公司正在努力发展为企业集团，因为这种合作方式为大家提供了便利。

公司之间的联合是形势发展的必然，并不会产生什么伤害，只要企业集团经营得当，处处考虑他人的切身利益。凭借一己之力的个人英雄主义的时代已不复存在了。这就好比舍弃先进的机器设备，而用人力工作，谁能认为这是一种前进呢？在看清形势并初次尝试之后，理性的人会接受现实。这种趋势只需数一数大集团里的股东增长数量就足以证明。这说明他们正在成为企业集团里的一分子。这现象很好，企业集团的管理者的责任心会因此而加强，而投资者也会在事先冷静地了解情况，而不是只有批评和讥讽。

关于工业生产联合化的问题我经常阐述我自己的想法，我从未动

洛克菲勒格言

人生就是一个不断抵押的过程：我们为了前途而抵押青春，为了幸福而抵押生命。

摇，也不害怕再说一次我的想法，尤其是现在，当公众再次热议这个问题的时候。

集体的协作和资金的累积是工业生产联合化最大的优势。个人难以实现的事情可以两个人共同完成。联合，或者说合作生产是企业发展的必然选择。一般的小企业通常只要两个人合伙就可以了，但想把企业做大，就需要更多的加盟者和更多的资金注入，于是企业集团就顺势而生。在许多国家里，例如英国，最为普遍的生产形势就是工业联合化，这在美国还行不通。每个州的企业都被联邦政府的制度割裂开，商人们只好各自处理本州的业务，一家企业不可以在其他州开连锁店，而只能再成立一家新的公司。留守国内的市场已经不能满足现代的美国人了。在开拓国外市场时，联合企业将具备极强的优势，尤其在那些对外国产品抵制的国家里，就像欧洲。它们同一性质的企业便以股份制公司的形式而存在。

到如今才探讨工业生产联合化的优势已太晚。它是一种发展的方向。如果美国的商人想在整个联邦中来去自如，并且占领国际市场，这种形式一定要大规模的运用。

产业联合所形成的力量可能被滥用，这才是企业集团的最大危险。只是对股票投机，而非经营业务，是一些企业集团成立的目的所在。为了实现这一目的，他们提高市场的价格，而不是降低。这种行为在所有的企业集团中都不同程度的存在着，但就为此而对企业联合

洛克菲勒格言

为了前途，为了成功，我们去抵押冒险，难道不值吗？

的形式进行攻击，那就好像在说不能用蒸汽机，是因为它会爆炸一样荒谬。蒸汽机是人类工业史上的一次飞跃，我们可以很好地运用它，并将其制造得相对安全些。企业联合势在必行，我们可以尽力控制它的危险性。要么我们只能责怪立法者无能了，因为他们不能够促成工业发展上的又一次伟大变革。

1899年，我在工业委员会的听证会上说过，假如工业生产联合的法律由我来制定，使企业集团的建立和运营合法化是联邦法律所要解决的首要问题。随后，尽力保持各州立法的统一；提倡人才和资金的组合，以此带动工业的发展；让政府对企业实施监控，并扶植工业发展；不可以欺骗民众。到现在，我仍然认为我当时的想法是正确的。

洛克菲勒格言

因为我支付了诚信，所以赢得了银行家乃至更多人的信任。我也正是凭借它，才渡过了一道又一道难关，踏上了快速成功的大道。

崭新的机遇

有人认为，当今时代会对个人产生不利影响，但是我绝不相信这个说法。我们正步入经济的辉煌时代，无数宝贵的机遇在等着未来的年轻人。年轻的一代总是对我们抱怨，说他们的机会不如我们这辈和我们的上一辈多。他们怎么可能了解我们这代所面临的困难呢？年轻时，许多可待开发的资源归我们所有，可我们面对时却不知道该如何开始，前面的路我们只能一步一步探索着前进，没有任何前人的经验可以供我们借鉴。最让人头疼的就是资金问题，当时还没人知道信贷究竟为何物。如今我们拥有整套完善的商业信用体系，可毫无章法就是当时的实际状况。惨重的战争充满了我的记忆，我渡过了随之而来的重重灾难。

和过去相比，如今的条件要好上上千倍。我们的国土上有富饶的资源尚未开发，我们国内市场的潜力巨大。我们既拥有巨大的国内市场，又努力开拓国外市场。在那些文明程度相对落后于我们的国家，例如在中国占世界人口四分之一的人才开始觉醒。那些青年传承了父辈的遗产，可相对而言，他们父辈的一代人却活得饥寒交迫。很明

洛克菲勒格言

这个世界上的每个人都不会有一帆风顺的人生；相反，我们经常会面临失败，时刻与失败为邻。

显，我的心态一直很乐观。但未来的美国将获得怎样的成功，我现在还不能预测。

在前提条件都很充分的情况下，要获取最大的利益，还有许多事情要做，首当其冲的就是在全球把美国的信誉建立起来。

我期盼更多的国外资金能流入美国的公司，但求我们的商人能够坚持友善和诚信的准则，这样我们的股票才能为国外的投资者所接受。

很多家美国企业里都有我的资金，但我并不参与管理（其中有一家企业除外，可是他们的分红的确不多）。跟其他的股东相同，我的收益完全凭借公司诚信的经营和管理的妥善。我绝对信任这些公司的管理者。

洛克菲勒**格言**

我把失败当作一杯烈酒，咽下去的是苦涩，吐出来的却是振奋。

美国商人

美国商人被许多悲观主义文人说成是贪婪成性，是这个国家的吝啬鬼。太过相信报纸上报道的商人贪婪是不明智的，因为报纸总是十分夸张地说一些事情。一个人正常的生活不足以构成报纸的新闻点，只有轰动性大的事情才能登上报纸的头版。商人只是偶尔被人们关注，所以那些记载在报纸上的文字不能代表他们真实的自我。这些喜欢梦想的人赚钱并不是他们的终极目标，他们更热衷于他们的职业。他们热情地工作不只是为了积累资金，而是来源于更崇高的理想，就像我曾说过的，商业化的进程在加速，商人的境界也一直在提高。

我认为下面这个观点是错误的，那就是说我们生长在一个以金钱为主宰的国家里。如果事实真是那样，我们应该是一个吝啬的民族，而不是一个慷慨的国家。我绝对不会承认我们是一个狭隘的国家，竟会为别人的成功而生气。事情正好相反，我们是最具雄心、心胸最博大的国家，一个人的成功只会成为其他人的榜样，而不会是惹人嫉妒。说我们狭隘是最完全的诋毁。

说到嫉妒和拜金主义的话题，用我那爱尔兰邻居的幽默来回答是

洛克菲勒格言

如果静止不动，就等于退步，但是要想前进，就必须敢于作出决定和冒险。

再巧妙不过的。他建了一栋我们都觉得十分难看的房子，从我们的窗口望过去，房子的色彩非常的醒目。我们在对建筑的欣赏角度上相去甚远，为了不再看到那奇异的房屋，我就在两栋房子的中间栽上了一些树。我们的一位邻居看到这个情景，就去问我们的爱尔兰邻居福利先生（Mr. Foley），洛克菲勒先生这样做是为什么。福利马上用爱尔兰式的幽默回答他：“我的房子太漂亮了，他怕看了会嫉妒。”

我所处的那个年代，大家做事的方法和现在也大致相同。在所有人都可以摆正位置共同推动行业进步的时候，几乎所有的人都觉得自己所做的事是独一无二的，因此他们认为自己不可能与他人共同前进。于是，许多人作出了蠢笨无比的决定——不计成本地降价，破坏行规，扰乱别人的计划。他们希望找到最完美的时机和机会之间的最佳结合点，可是即使等到地球毁灭，也不会有那一天。而试图告诫他们放弃，时常是一件白费力气的事情。

还有一些人，他们对自己的情况从来都没有全面的了解。很多十分精明的人在理财方面却明显无能，他们的账目一团混乱，生意的盈利和亏损他们心中全都没数。在生意冷淡的时候，人们总是回避现实，不去清算自己的财务状况。这是经商的弊病。从标准石油公司成立的那天起，我们的管理者就清楚而准确地记录下了每项收支。对我们的获利和亏损，我们了如指掌，至少我们不会自己蒙骗自己。

我的商业理念无疑是传统的，但经商的道理始终如一，现在的美

洛克菲勒
格言

每个人都不喜欢失败，一旦避免失败成为你做事的动机，你就走上了退缩懈怠的道路。

国商人即使在思维、反应速度、商业精神、行动力各方面都显得十分优秀，我也觉得他们未必就已经领悟了商业管理最精髓的部分。我一直强调，必须实事求是地面对自己所面临的情况，“逃避便可以渡过难关”是一种侥幸的想法而已，自然的规律是不可改变的，越早面对现实，越有办法解决问题。

薪酬和必须保证高薪，是人们经常讨论的问题，例如铁路工人的薪水为什么不能降低等。劳动者所得的报酬要和他付出的劳动成正比。假如他少劳却多得，那很可能是他在接受资助，而这打破了事物的平衡。你无法从现实中逃避，更不能更改商业的价值规律，否则必输无疑。这些都是最根本的道理，可是许多人却视而不见。商人就是要依据外界的变化来调节自我。有人觉得美国人在寻找成功的捷径上做得很成功，但他们不明白，商业上真正的成功来源于看清自我和踏踏实实地工作。

许多事业有成的人士到了退休的年龄还会选择继续工作，他们不愿意无所事事地待在家里，或者说不忍心舍弃自己毕生的追求，或者更高尚者，他们觉得自己还有义务为员工和合作伙伴创造财富。正是这些人创造了我们国家的伟大。设想一下，如果所有取得成就的美国商人都功成身退，赋闲在家，那会留下多少让人遗憾的事情！当然，他们那样做，也是无可非议的。但是，一个人富有了就应该回报社会，成功了就要有一定的担当，那些社会公益性的机构很需要我们商

洛克菲勒格言

我们生活在一个弱肉强食的丛林中，在这里你不是吃人，就是被人吃掉。

人的智慧和资金的帮助。

但是，有一些只扫自己门前雪的商人，除了生意之外不关心任何事。如果让他们筹集资金帮助公益性机构的话，他们会向募捐人道歉，好像这是十分难堪的事情。

“我不需要施舍。”我常听见很多人这样说。我只能回答：“你这样认为，我深感遗憾。”

“乞丐”是我对自己一直以来的称呼，那种乞讨的生活对我来说难能可贵，以后的章节我会一一细说。

洛克菲勒**格言**

只要不变成习惯，失败是件好事。

第四章

职场：一本好念的生意经

序

当我刚成为成人世界的一员时，克拉克—洛克菲勒的农产品贸易可谓是生意兴隆。60年代前期，我们组建了一个以石油加工和销售为业务范畴的公司。除了我，它的创始人还包括梅塞尔·詹姆斯（Messrs James）、理查德·克拉克（Richard Clark）、塞缪尔·安德鲁斯（Samuel Andrews），以及克拉克—洛克菲勒公司。这是我初次涉足石油行业。伴着公司的壮大，克拉克—洛克菲勒必须拿出一笔巨大的专用资金。塞缪尔·安德鲁斯先生在公司中主抓生产，他还学会了用硫酸净化原油的技术。

1865年，公司解体了。我们开始清算和收回现金，偿还外债，但工厂以及公司的品牌仍需要处理。有人提议说，采用竞标的形式来决定所有者。我认为这是一个很合理的办法，但竞标的时间以及由谁主持仍是有待解决的问题。当时，恰巧我合伙人的律师在场，聘请法律是我还没想过的事，我认为搞定这样一个简单的交易靠我们自己就够了。于是，我们马上决定开始拍卖，拍卖人就是合伙人的律师。大家意见一致，拍卖就这样进行了。

洛克菲勒
格言

乐观的人在苦难中看到机会，而悲观的人在机会中看到苦难。

我已决意踏入石油行业，不是把它作为第二产业，而是声势浩大的投资。安德鲁斯先生的想法和我一拍即合，很高兴与我联合。我认为石油炼制业道路宽广，但当时这个市场一下涌入了许多和我一样的人，我真是始料未及。但我仍然满怀信心。资金我早就准备足够，完全可以买下工厂和商标。此时，我也决定放手我在克拉克—洛克菲勒农产品贸易方面的业务，我的老搭档克拉克先生接管了我的业务。

我们以500美元为底价开始起拍，我先喊出1000美元的翻倍价，他们报价2000美元，接着价格慢慢上涨。双方谁都不愿舍弃，竞拍价一路攀升至5万美元。我觉得这个价格已经远远超出了公司本身的价值，可是价格上涨的势头还在继续。到了7万美元时，我开始考虑我的购买能力了。最后对方将价格提到72000美元。“72500！”我脱口而出。克拉克先生对我说：“约翰，就到此为止吧，这个公司归你了。”

“我需要马上就付给你支票吗？”我问道。

“不急，”克拉克先生说，“我相信你，方便时付给我就可以。”

就这样，洛克菲勒—安德鲁斯公司成立了，我开始着手石油行业。在此后漫长的四十年里，我在其中跌倒爬起，一直奋斗到五十六岁离职。

谁都知道石油行业早年间的故事，这不需要我详述。净化原油是技术简单的生产，一开始所获的利益十分可观。随后，各行各业的人都介入其中，肉商、烘焙师、做烛台的工匠都开始炼油。不久，成品油的供应就超过了市场需求。价格越跌越低，这一行业行将崩溃。石

洛克菲勒格言

失败是一种学习经历，你可以让它变成墓碑，也可以让它变成成功的踏脚石。

油产品必须推向海外，而这是一个十分艰辛的过程。必须提高炼制技术，以降低成本；采取低价销售，以维持利润空间，并且充分开发副产品，而在一些工艺水平不高的炼油厂中，这些材料都是被当作废料处理掉的。

我们的事业刚开始便遇到了诸多问题。在全国经济都不景气的情况下，我们开始向邻居和朋友推销我们的产品，但求在一片萧条下收回一些本钱。至于开拓市场、全面提高生产能力，当时任何一家企业都无法完成这些任务。最后，我们得出一个定论：加大资金投入、引进优秀人才和提高技术水平，才是我们摆脱困境的良方。

依照上面的定论，我们开始收购一些规模大且经营成功的炼油公司，实行统一管理，以实现更合理、更高效的运营。结果，公司发展的速度超出了我们的预期。

在多方面人才的共同奋斗下，我们公司从生产工艺到运输条件，再到金融状况、市场拓展等方面，均走在了同行业者的前列。困难与挫折是在所难免的，一场大火曾让我们损失惨重，原油的供货时而出现短缺。外部的条件牵扯着我们的计划，好多事我们只能量力而为。我们把大型设施建立在石油基地，修建储油罐，安装石油运输管道，可是我们前功尽弃了，因为开采不出石油。这只不过就是一个投机行业。虽然我们经历了多次的险渡难关，但是我们也慢慢掌握了经营这一艰难行业的方法。

洛克菲勒格言

我们纪念林肯的最好方式，就是以他为榜样，让他永不言弃的精神照耀美国。

海外市场

数年前，有人问我是怎样把公司的规模发展起来的。我回答说，我们最初只是俄亥俄州的一家合营企业，后来扩展成为集团公司。相对于一家本土的炼油公司来说，这种业绩已经是非常优秀了。可是，如果只依赖当地市场，我们早就破产了。我们只有在世界各地开拓自己的市场。很快我们就发现，沿海城市在进行海外贸易方面占尽了地利的优势，于是我们就在这些地方建造工厂，这样不仅出口便利，而且经济高效。布鲁克林、巴约纳、费城、巴尔的摩都有我们建立的炼油厂，并设立了相应的子公司。

新的问题很快出现了，业务发展的需求淘汰了我们原先所采用的用油桶运输的方法。包装所需的资金经常要高于石油的价格，天长日久，消耗了大量的林木，国家林业部门再也不能供给我们那么多价格低廉的木料了。我们必须尝试开发新的运输方式，建立输油管道系统，为此我们开始筹集专项资金。

只有得到当地政府的授权才能建设输油管道，在当地设立子公司也是一样的要求，这就像坐火车穿越各个州的铁路必须遵从各个州的

洛克菲勒格言

除非你放弃，否则你就不会被打垮。

规章制度一样。完善输油管道系统需要大量的资金。油管的运输是整个石油行业所必需的选择。假如失去这些管道的话，所有油井的价值将大幅度下降，所有的市场都会更加艰难，消费者购买石油的价格将上涨。无法采取这种运输方式，整个行业的发展都将减缓。

输油管道系统必须不断地改进，例如那些铁路上的油槽车，以及后来的油罐汽船，所有这些都急需资金和配套的运营机构。

我们脚下的每一步路都是企业稳步前进的必走之路。只有通过一点点的跋涉和资金的慢慢积累，我们今天才得以把从地下源源不断倾吐而出的财富回报给我们的祖国，并把光明送给全世界。

洛克菲勒格言

有太多人总是高估他们所欠缺的，却又低估他们所拥有的，以致丧失了成为胜利者的机会。

标准石油公司的创建

1867年，威廉—洛克菲勒公司（William & Rockefeller Co.）、洛克菲勒—安德鲁斯公司（Rockefeller & Andrews）、洛克菲勒公司（Rockefeller Co.）、哈克内斯公司（S. V. Harkness）、亨利·莫里森·弗拉格勒公司（Henry Morrison Flagler）联合组建成了洛克菲勒—安德鲁斯—弗拉格勒公司（Rockefeller，Andrews & Flagler）。

最初组建这家公司，只是为了联合我们的技术和资金，提高企业在市场上的竞争力，使企业的运营方式更加有效合理，取代分散杂乱的小型经营，从而形成更具竞争力的企业，实现经济有效的运营方式，取代各自为政的小本经营。伴随时间的前进，我们发现联合的必要性越来越强，这就要求加大投资的力度，于是我们再次筹资100万美元，创建了标准石油。后来我们发现可以利用的资金还有更多，并且联系到了感兴趣的投资者。1872年，公司的资本增至250万美元。1874年，又增加了100万，到达350万美元。随着公司的强大以及国内外市场的不断开发，更多的人才和资金被公司接纳，并投资创建了更多的子公司。而我们服务的宗旨始终没有改变，那就是：通过提供优质廉

洛克菲勒**格言**

如果我们尽了最大的努力仍然达不到目的，我们所应做的就是吸取教训，争取在往后表现得更好就是了。

价的产品来壮大公司。

我觉得，我们始终坚持的理念是标准石油公司成功的关键，那就是以质优价廉的产品吸引并扩大客户群。它尽心尽力地选用最尖端的生产方式，并广纳贤士，给最优秀的专家和工匠以最丰厚的薪水；对废旧的机器和工厂从不勉强使用，取而代之的是更精良的设备和更优越的环境；它极其注重对工厂的选址，力求把运输成本降至最低；它在积极开发主要产品市场的同时，也跟进寻找所有需求副产品的市场，不遗余力地将它们推向世界各地；它不惜耗资几百万美元，建造输油管道、油槽车、油罐汽船和拖罐车，只为降低石油采集和配送的成本；它在全国各地的中心铁路线旁建设补给站，节约石油储存和运输的费用。它对美国石油信心十足，并累积了大量的资金，铸就了美国石油今天的辉煌，抑制住了俄国和其他所有石油产出国的竞争力。

洛克菲勒**格言**

在天鹅绒上，你无法磨利剃刀。

安全保障方案

下面这个实例讲述的是我们获取收益并赢得优势的方法之一。吸取以往的经验教训，石油炼制和储存中最大的敌人就是火灾，然而，通过分散工厂至全国各地，我们遭遇火灾的比率减小了。我们建立了全套的风险防御系统，使我们不会在一场火灾中毁灭。我们用于应急的储备基金不会像那些将工厂建造在同一个地方或临近区域的企业一样，转瞬就花完。我们不断加强我们的管理制度，防御火灾，每年改进设备，调整计划，直到这一安全保障方案所降低的损失转化成标准石油的主要收入。

我们的安全保障十分奏效，有效地控制住了火灾的发生，从而提高了公司的收益，而得到实惠的不只是炼油公司一家，其他许多附属企业也获益匪浅，例如副产品的生产商，油罐、油罐汽船、油泵的生产商等。

我们一心一意地经营石油产品，努力完善现有的企业，从未介入其他领域。我们有自己的人才培养方案，其中很多员工都是从少年时代便开始接受我们的培训，我们为他们提供最宽广的发展平台。他们

洛克菲勒**格言**

我们在途中总会遇到疲倦和沮丧的时候，但就像一位拳击手所说的，你只有再打一回合才能获胜。

可以持有公司的股票，而公司也会协助他们经营他们的股票。我们的员工不只是在美国，而且在全球各地，都拥有自我提升的机会，我们也欢迎以往合作伙伴的后代加入公司。我敢说无论在过去还是现在，标准石油都是一个紧张而和谐的大家庭。

过去有人问我，现今的管理层是否还经常咨询我的意见。我想说，假如他们需要的话，我很愿意提供我的建议。但事实上，退休以来，几乎没有人向我征求意见。但我仍旧是大股东，我的股份在我退出公司的管理事务之后反而增加了。

还有人问过我，标准石油的分红是如何支付的。

那我就说说有关分红的事情吧，或许有的人非常想知道，但我也确信有些人会认为这与自己毫不相干。标准石油每年分红四次：最早在三月，刚刚结束一年中最繁忙的季节，因为石油的消费量在冬季远远高于其他季节。随后的三个月，平均每季度一次。眼前，有1亿美元作为公司的股本，分红的比例是40%，但这并不是说我们得到的收益就是投资资金的40%。实际上，这是公司运营40年以来所有储蓄和盈余累加的结果。公司的股本增倍，不夹杂一分一毫的过剩资本或水分，这才是真正的价值。公司的股本若是翻几倍，股东得到的分红也会有6%至8%的提升。

洛克菲勒 格言

真正相信自己能够移山的人不多，结果，真正做到的人也不多。

正常的发展

让我们来了解一下这些年来公司的财产升值的幅度。以前建造的很多输油管道，只是花费了现在一半的成本。无垠的油田未开采时只是些荒芜的土地，后来我们却从中得到了丰厚的产出。大量被认为毫无用处的低质量原油被公司购进，希望可以再次深加工。随着炼油工艺的提高，这些原油的价值得以再次显现。那些低价买入的码头在经过开发利用以后成为珍贵的资产。在重要的商业中心附近有大片未开发的土地我们也一并买下。这些地方就是我们原有工厂的新厂址，很好地利用了当地的土地资源，不仅实现了我们产业的升值，也将附近的地价提升至原来的许多倍。无论国内还是国外，我们总会在建造工厂的地方买下大片土地。我记得我们曾以每英亩近1000美元的价格买下了一片荒地，而经过开发，那些土地的价值在40年间翻了将近50倍。

其他人的投资也和我们一样，得到了升值，但他们相应地将收益用于扩大投资，从而免去了我们所受到的那些指责，而我们只是本着传统的观念，继续进行着资本积累。

洛克菲勒**格言**

胜利是一种习惯，失败也是一种习惯。要想成功，必须取得持续性胜利。

这并不是什么匪夷所思的事情，商业发展的自然规律是我们必须遵从的。这也是阿斯特家族（the Astors）和其他许多房地产巨头的做法。

假设一个人以1000美元的资本投资，然后将大部分收入积蓄起来，用这些积蓄逐步扩大自己的产业和投资，慢慢地，他的产业得到了升值，投资额增加到1万美元，这并不能说他的收入就是由最初的1000美元得来的。这同样也是资本积累的一种方式。在这里，我想再次表明我的看法，标准石油的管理者不应该遭受指责，而是应该受到表扬。在这个风险性或者说投机性极强的行业里，他们始终小心谨慎地掌控着局面。标准石油的分红从未令股东失望，并且越来越多的人开始购买标准石油的股票。

洛克菲勒格言

相信自己会成功，是已经成功的人所拥有的一项基本且必备的素质。

资金管理

就像我曾说过的，标准石油公司的股票从未通过证券交易所来出售。早年，石油行业的危险性很大，如果股票在证券交易所上市的话，浮动一定会非常大。我们更愿意让公司的股东和管理者专心致志地关注公司的发展，而不是将精力用于股票投机。我们妥善地管理公司的收益。有人批评我们利用大比例分红的手段欺骗投资者。如果我们的股票在证券交易市场上市，又可能被批评为诱惑大众进行投资。公司采用的是稳固根基、保守经营的方式，经过早期筹集资金的艰辛以及几起几落的磨练，我们决定充分利用自己的资源。我们只是在很必要的情况下才求助于金融机构。我们自己妥善地管理着公司的财务，这不只是为了保护自己的利益，更是为了在其他人危难的时刻向他们伸出援手。一些人之所以攻击标准石油公司，是因为他们还不了解事情的真相。我退出公司的事务管理已经很久了，但我还是想说，那些不辞辛苦将美国石油销往全球的人应该受到赞赏和鼓励。

说标准石油从事所谓的投机活动，那纯粹是谣言。在这里我必须重申这一话题。标准石油所涉足的领域仅限于生产石油产品以及与之

洛克菲勒**格言**

信心的大小，决定了成就的大小。

相关的副产品。它所有的工作就是建造工厂，生产油桶、油罐、油泵以提取石油，以及用船舶、油罐车、输油管道等运送原油等，投机的动机根本就不存在。石油行业本身的投机性已经够强了，成功地经营石油公司需要坚定的行动和清醒的头脑。

公司股东的分红来自于石油行业中的收益。股东们可以以他们认为恰当的方式花这些钱，公司对股东的分红绝不具备任何支配权。标准石油并没有拥有或控制什么连锁银行，也没有与任何银行存在任何利益关系。它与银行的关系只是正常的业务往来，与其他的客户别无两样。它购买及销售自己的股票，在漫长的岁月里，这些交易使它的股票为全世界所接受。

洛克菲勒**格言**

只要我们相信自己能够成功，就一定会赢得成功。

性格决定一切

标准石油公司最初的建立并不只是为了合并资金，而是要凝聚智慧，这才是我们的初衷。也许我还要再次说明，一家成功的企业依靠的绝对不只是资金、工厂和物质，人的性格和能力才是决定一切的内因。

1871年后期，我们开始在克利夫兰收购一些重要的炼油厂。当时整个行业的秩序混乱，莫名其妙地发生的意外非常多，尽快摆脱这一行业是很多炼油厂厂主最真实的心情。我们提供了两种选择给这些卖家：收取现金或者是换取标准石油公司的股票。能购买公司的股票是我们最希望见到的，尽管那时现金对我们十分重要。最后本着生意上的原则，我们决定还是让卖家自主选择，绝大部分人都毫不犹豫地选择了现金。现金可以买到实质性的东西，而股票是看不见底的，对石油市场复兴的可能性，他们深表怀疑。

多年以来，我们一直在收购炼油厂。在这段时间内，克利夫兰的很多重要的炼油厂都被纳入标准石油的旗下。然而，有一些规模小一点的厂仍然坚持自主经营，不愿像其他炼油厂一样被收购。在一些地理位置比克利夫兰更优越的炼油地，也有一些经营得非常成功的炼油厂。

洛克菲勒
格言

我不相信失败乃成功之母，我相信信心是成功之父。

收购巴克斯

公平、诚信是我们收购所有炼油厂时一贯坚持的原则，可是有人却说我们进行了一次强盗式的掠夺。例如在收购巴克斯石油公司（Backus Oil Company）的事情上，大家最为常见的故事版本是，巴克斯石油公司受到了无情的剥削，而我们就像抢走了一位无依无靠的寡妇财产的强盗，事后却只付给她一小部分赔偿。这个故事极具煽情效果，如若属实，这将是一个耸人听闻的可以赚取许多人眼泪的好故事。这个故事让许多毫不知情的人信以为真，并因此对标准石油公司和我本人十分痛恨。

多年来，我一直回避这个话题，但是在今天我可以道出详情。

巴克斯先生（F. M. Backus）是我的一位老朋友，他在克利夫兰受人敬重，于1874年去世。他在去世前的几年里，一直从事润滑油的生意。他去世后，家人接管了他的生意，并成立了巴克斯石油公司。1878年末，标准石油购买了这家公司的一部分产权。交易前，谈判持续了几个星期，查尔斯·马尔（Charles H. Marr）先生代表巴克斯石油公司的主要股东巴克斯夫人（Mrs. Backus）与我方的代表彼得·詹宁斯

洛克菲勒 格言

利益是照射出人性的影子，一切与道德、伦理有关的本质都将在它面前现出原形，并且一览无余。

（Peter S. Jennings）进行谈判。我本人并没有参加谈判，只是在这件事情刚刚开始筹划的时候，巴克斯夫人约我到她府上讨论产权购买的相关事宜，并提出希望由我本人参加谈判，我婉言拒绝了她的要求，并向她解释说我对谈判的细节并不熟悉。我建议她要深思熟虑，她很着急公司的未来，而且担心没有足够的油车运输石油。我对她说，虽然我们也需要油车，但她需要多少辆我们都可以借给她，在其他事情上我们也会不遗余力地帮助她。她的生意与从前相比并没有发生多大的变化，完全可以做到和我们一样好。但是，她再三考虑之后，还是决定出卖产权。我说我们会派一个熟悉润滑油市场的人来与她交涉。她仍然坚持将产权出售给标准石油公司，于是我们安排了詹宁斯先生进行谈判。在我们的专家对巴克斯的工厂、品牌和继承权等作完估价以后，我所做的就是在总价上面再加1万美元，以保证巴克斯夫人得到全额的利润。谈判完成了，我们付款给巴克斯夫人，她对我们的出价十分满意。

然而，让我没有想到的是，在事情过去了几天之后，我收到她一封非常不礼貌的信，她抱怨自己受到了不公平的待遇。在调查出事情的原因之后，我写了一封回信，内容如下：

尊敬的女士：

我已收到您11日的来信。关于收购巴克斯石油公司的每一个谈

洛克菲勒格言

与其说我们是自己心灵的主人，倒不如说我们是利益的奴隶更准确。

判细节我都作了认真的回顾，并反思了我有没有做过伤害您利益的事情。在我们的会谈中，我很诚恳地建议过您，只要您愿意，可以保留一些巴克斯石油公司的股份，搞点投资，但您表示一旦售出产权，希望彻底脱离这个行业。了解了您的意愿之后，我们才撤销了为您预留的股份，并重新作了安排。当您再次提出购买一些股份的时候，我们只能根据如上事实作出回应，而不是您信中所提到的断然拒绝。您说我从您手中夺走了巴克斯石油公司，这对我极不公平。收购巴克斯石油公司并非出于我自身利益的考虑，而是完全出于对您利益的考虑。早在两年前，您就询问我和弗拉格勒先生是否该把股份出售给罗斯先生（Mr. Rose）。由于您当时急于将股份售出，所要的价格比现在您所收到的金额要低得多。而在我们的交易里，如果您接受延期付款的话，我们还可以给您更可观的收益。我们所支付的购买巴克斯产权的价格是6万美元，这相当于重新建造相等工厂或是再好一些工厂的价钱的三倍，我方的许多人都认为我的这个价格出得实在太过慷慨。我认为，如果您能重新审视自己的来信，您就会觉得给我的论断十分不公平。我也希望您可以明辨是非。然而，考虑到您此时的感受，我现在提出如下建议，您可以收回巴克斯的产权，归还我们所投放的资金，就像这场交易从来都没进行过一样。如果您不愿意接受这一提议，我将以买入时同等的价格为您提供100、200或300份股票。鉴于我们已开始在巴克斯石油公司投入资金，巴克斯石油公司的资产已增值10万美

洛克菲勒 格言

我可以欺骗敌人，但绝不欺骗自己。痛击正在朝我射击的敌人，永远不会让我良心不安。

元，每份股票的价值已升至100美元。

您无需急于答复，我将为您保留三天的考虑时间，接受或拒绝由您决定。同时，请相信我。

约翰·洛克菲勒

1878年11月13日

巴克斯夫人拒绝了任何一项提议。为了表明以上的叙述并不是我的一面之词，我将附上如下文件：第一份是巴克斯先生的兄弟H. M. 巴克斯先生（H. M. Backus）的来信。他一直参与巴克斯家族的生意，写这封信完全出于H. M. 巴克斯先生自身的意愿，而我已经征得了他的同意，将其宣示给大家。接着是参与谈判的绅士们的一些证词。我并不想朗读信中H. M. 巴克斯先生对我的溢美之词，但为了保证原文的真实性，避免由此引起的误会，我会将信件完整地公布。

克利夫兰，俄亥俄州

尊敬的洛克菲勒先生：

我不知道您能否收到这封信，或许您的秘书会随手将它丢进垃圾桶，然而我还是要写这封信给您，以完成我自己的心愿。如果您无法收到或者无法读到，那并不是我的过错了。从我已故的兄弟的遗孀F. N. 巴克斯夫人（Mrs. F. N. Backus）写了那封关于出售原来的巴克斯

洛克菲勒**格言**

你只能相信自己，唯有如此，你才不会被人欺骗。

石油公司产权的无理、鲁莽的信给您那天开始，我便想写信给您，表明我对那封信件的否定。我在巴克斯石油公司拥有一些股份。我和我的兄弟一家人住在一起，那天，您应巴克斯夫人之邀到家里讨论公司出售的事情时，我也刚好在家。她告诉詹宁斯先生希望可以直接与您谈判。关于出售公司，最开始我是赞同的。

我和巴克斯夫人一起经历了她与罗斯先生、麦洛尼先生（Mr. Maloney）的纠纷，我竭尽所能地帮助她，防止罗斯先生欺骗她。在我看来，巴克斯夫人是位出色的金融家，可她并不知道，并且没人能够说服她，让她相信将巴克斯石油公司出售给您是她在金融方面最大的成功。她没有预料到在之后的五年里，近乎疯狂的竞争将使公司走向穷途末路；欧几里得街的产业使她负债累累，她极有可能一败涂地，而唯一挽救她命运的就是您的提议。她认为您从她那里掠夺了上百万的财富，让她的孩子食不果腹，慢慢地，这种想法发展成为一种病态的偏执，没有任何人可以劝服她。她在很多方面都很智慧，但在这件事情上始终太主观和片面。当然，如果可以持续不断地得到分红，我会反对将股份全部售出，任何投资完全没有风险是不可能的。我知道是您建议在购买价上再增加1万美元，我知道您付了三倍于我们的产业价值的价格，我也知道所有这些使我们避免了彻底失败的命运。我写这封信只是想向您表达我的真实想法。将公司出售给您之后，我去了布法罗，天真地以为可以东山再起，但很快便遭遇失败，偃旗息鼓。

洛克菲勒格言

我可以让对手教导我，但我永远不教导对手，无论我对那件事了解多深。

我又去了德鲁斯，站在了房地产的风口浪尖上，直到房地产的泡沫经济破灭，而我彻底破产。我经历了人生的大起大落，但我尝试着为自己疗伤，乐观面对现实，而不是坐在桧树下，指责约翰·洛克菲勒让我遭受损失。

如果不是一两天前与Buckeye管道公司的哈纳芬先生（Mr. Hanafin）聊起原来的巴克斯石油公司出售的事情，或许这封信又将推迟许多年才写，但那次交谈让我重新燃起了写这封信的念头。现在已经完成了，我也了却了一个心愿。再次向您表达我衷心的尊敬与赞赏。

您真诚的朋友
博林格林市，俄亥俄州
1903年9月18日

从谈判记录中可以看到，代表巴克斯夫人参与谈判的是查尔斯·马尔和麦洛尼先生。查尔斯·马尔是当时巴克斯公司的员工，麦洛尼先生是巴克斯公司的管理人员，参与公司的创建并拥有股份。

在人们的印象中，标准石油以近8万美元购得的产权完全是物超所值，巴克斯公司很可能是在标准石油的胁迫下作出妥协的。詹宁斯先生有马尔先生提供的一份书面提案，上面列出了巴克斯公司即将出售的资产项目和价格，此份提案随附在詹宁斯先生的供词中。标准石油

洛克菲勒格言

凡事三思而后行，不论别人如何催促，考虑不周绝不行动。

最终决定不要购买巴克斯所有的资产，而只是其手上的石油，并以市场价支付1.9万美元，而关于工厂、品牌和继承权，马尔先生出价7.1万美元，标准石油还价6万美元，而对方很快接受。马尔先生的供词如下：

查尔斯·马尔在此宣誓，我代表巴克斯石油公司参与谈判，促成了公司工厂、品牌及股份的售出。公司出价15万美元出售全部股份，包括库存现金、应计股利等，詹宁斯要求上述公司提供所出售资产的定价提案。已通知巴克斯夫人，并得到其同意，本人提供詹宁斯证词后所附提案，提案由本人手工书写，并应詹宁斯要求亲自在美国润滑油公司（American Lubricating Oil Company）办公室原本影印。

巴克斯夫人充分了解上述谈判的细节及提案中的项目及价格，谈判的每一步骤都是在咨询其意见后进行的，她作为巴克斯公司当前最大的股东，拥有该公司近70%的股票。据证人所知，巴克斯夫人完全同意提案中的项目及价格，并接受詹宁斯以6万美元的价格购买工厂、品牌及继承权，无任何异议。如上所述，巴克斯石油公司的总资产约为13.3万美元，而一部分资产并未转化为现金。

关于收购巴克斯石油公司的谈判，巴克斯夫人的代表马尔先生还提到：詹宁斯先生或其他任何人从未对巴克斯石油公司施加压力，

洛克菲勒 **格言**

警惕那些要我以诚相待的人，他们是想从我这里获得好处。

也从未说过或做过任何事情以促成上述交易。谈判持续了两至三个星期，在悬而未决的阶段，巴克斯夫人不断地催促谈判人尽早得出结果，因为她急切想处理上述产业，摆脱日后的担忧及责任。当证人告知她詹宁斯先生的开价时，她表示十分满意。

麦洛尼先生的证词中提到，他从巴克斯石油公司刚创建时便一直担任公司的管理层，同时他也是公司的股东，是巴克斯先生生前多年的合作伙伴，他代表巴克斯夫人参与了公司出售的谈判。提及谈判时，他说：

“最后，经咨询相关专业人士，巴克斯夫人提出以7.1万美元的价格出售工厂、品牌及继承权。几天后，标准石油提出以6万美元的价格收购工厂及品牌，并以市场价购买巴克斯石油公司的存油。巴克斯夫人接受了这一出价，交易完成了。

“在谈判过程中，巴克斯夫人一直急于出手，对成交价也表示满意。我知道一年半之前她曾尝试出售巴克斯石油公司的股票，而价格比标准石油所提供的价格低30%至33%，而她旗下的工厂及产业在这一年半间也并未增值。我对巴克斯的工厂及其价值十分熟悉。在当时，建造新的工厂仅需2.5万美元。我们并没有受到任何威胁及恐吓，也没有遭受任何不友好的对待。谈判过程十分融洽、公平，标准石油的出价已远远超过所购产业的价值，而巴克斯夫人也非常

洛克菲勒**格言**

人的本性当中早就潜藏着一股力量，这股力量正是源自能力的缺乏和意志的薄弱，它就是嫉妒。

满意。”

如今，三十多年过去了。回首往事，我仍认为我给了巴克斯夫人最友好、最周到的对待。她没有接受我提议的赠送给她标准石油的股票，对此我深表遗憾。

洛克菲勒格言

不贪心的人将来在地球上仍然是稀有的。哪个人会停止对美好事物的追求和占有呢？

关于回扣问题

在标准石油公司所有令公众轰动的事件中，有关铁路回扣的问题该是其中最让人惊讶的了。我曾担任俄亥俄州标准石油公司的董事长，1880年以前，标准石油确实收取过铁路公司的回扣，但我们并不是毫无缘由地获得利益。提供回扣只是铁路部门的一种商业手段。一般来说，铁路公司会公布一个标准价格，但据我所知，铁路几乎从未按此价格收取过费用，其中一部分将作为回扣付回给货主。通过这种方式，货主真正支付的运费不会被竞争对手也不会被其他铁路公司知道，而回扣的多少则是货主与承运人之间的较量了。

俄亥俄州标准石油公司位于克利夫兰，拥有发达的铁路网络，在夏天还可以选择水运，这些优势为我们争取低运费提供了便利。俄亥俄州的其他公司也拥有相同的优势。标准石油为铁路公司创造了一些有利条件，以期压低运费。我们大批量地出货，并且提供高成本的装卸车设备。我们保证稳定的货量，于是铁路公司可以最大程度地利用铁路的运力，创造最多的利益。我们自己承担保险，铁路无需为火灾负责。我们自费在铁路站点建设设备，为铁路节省了运营成本。基于

洛克菲勒格言

如果你想创造财富，想创造非凡的人生，那么我的感受就是，“贪心是件好事”还不足以让你实现目标，而是“贪心大有必要”！

所有这些条件，在运费合同中，我们得到了铁路部门的特殊津贴。

但是，尽管有这些特殊津贴，标准石油为铁路创造的收益仍远远超过那些货量小、出货不稳定但或许运费较高的货主。

为了了解吃回扣的现象，我们必须首先认识到，铁路总是极尽所能地扩大货运量，它们必须应对来自水路运输、输油管道的竞争。所有这些运输方式都使铁路的市场面临威胁，而铁路竭尽全力想在竞争中胜出。标准石油提供快速装车卸车的设备，具备稳定的出货量，并且提供前面我所提到的种种条件。最终的结果便是为铁路也为我们自己节省成本，达到双赢，而这无疑符合商业的自然法则。

洛克菲勒格言

只要这个世界追逐名利的现实一天不改变，只要幸福一天不变得像空气那样唾手可得，人类就永远不可能没有贪心。

输油管道与铁路

输油管道的运用为铁路带来了更大的威胁。和铁路运输相比，管道输送石油的成本要低廉许多，输油管道的发展是一个必然趋势。唯一的问题在于石油的流量是否足以使投资获得收益。经常发生这样的情况：管道通到了油田附近，而那里的油井却停止出油，于是这些管道便成为最无价值的东西。

铁路和输油管道二者之间的关系十分微妙。很多时候两者需要互为补充，因为输油管道只能覆盖一部分的路程，而铁路将继续完成余下的任务，将石油输送至最终目的地。有这样的例子，之前我们按照协议价全程委托铁路运输石油，但输油管道建成后，一部分路程改用油管运输，双方都应该得到运费收入。然而，因为之前我们已经向铁路支付了全程运费，现在铁路必须将一部分费用归还我们。于是，便出现了标准石油公司要求铁路公司打折扣，而不是我们吃铁路回扣的现象，其中的计算方法非常繁琐，但还不曾有人为这个问题而抱怨。

铁路公司所提供的支持并没有让标准石油公司受益，自己反而能从标准石油公司的运输委托中获利。标准石油公司一直坚持降低运输

洛克菲勒格言

贪心是推动我创造财富的力量，正如它是推动社会演进的强大动力一样。

成本，只是为消费者节省开支的方式之一，而这使我们成功地占据了全球市场，因为我们可以提供更低价格的产品。

议价是一门高深的学问，所有人都在争取最有利的价格。《州际贸易法》通过后，听说一些货量很小的小公司拿到了比我们更优惠的价格，尽管我们投资建造了大量终端设备，提供了稳定的出货量以及其他一些便利条件。我记得波士顿有个颇具智慧的人曾谈论过回扣的问题。他是位经验丰富的商人，处事小心谨慎。他担心他的竞争对手拿到比他更优惠的价格，便作出了如下声明——

“原则上我反对吃回扣这件事情，除非我自己有利可图。”

洛克菲勒格言

成功与失败的距离，并不像人们所想象的那么大，其实它们之间仅仅是一念之差，那就是看谁有强烈的贪心。

第五章

商海沉浮的一些经历和原则

序

从事铁矿石方面的工作给我增添了许多责任和忧愁，这违背了我内心的意愿。由于当时我在西北的投资屡次失败，从事铁矿石这一行实属无奈之举。

当时，我涉足了许多行业：煤矿业、钢铁业、造纸业、铁路运输业，还有许多我已经忘记的行业。我在以上每个行业里都投资了一小部分股份，但从未参与过任何企业的管理工作，而且并非每一个企业都能盈利。其实，在1893年大萧条来临之前的几年里，通货膨胀已初露端倪。在经济大萧条到来之际，许多认为自己还算富有的人却发现自己其实一无所有，这是非常悲哀的事情。

当然，我只是根据别人的调查结果来判断一些产业的价值，并未亲自调查过。我从来不会单纯地根据自己的主观臆断来判断那些企业的价值。我认识的一些人中，在考察企业的价值方面比我强得多。

我早就想退休了，但是经济大萧条推迟了我期待已久的假期。不过很幸运，我认识了正在美国浸信会教育协会（American Baptist Education Society)工作的弗里德里克·盖茨先生（Frederick T. Gates）。

洛克菲勒格言

在贪心的驱动下，一个人的能力可以发挥到极致，而且还会迫使他献出一切，排除所有的障碍，全速前进。

由于工作原因，他经常在全国各地周游。

盖茨先生虽然不懂工厂的技术知识，但他是个学识渊博的人。我想，他或许能够帮我获取那些企业的第一手资料。有一次，盖茨先生要去南方考察，正好路过我投资的一家钢铁厂。于是，我问他是否可以帮我调查一下。

盖茨先生的报告非常完美。他为我提供了那个钢铁厂的详细情况，大部分消息是令人沮丧的。不久，盖茨先生要去西部考察，那里也有我投资的一家企业。于是，我把那家企业的名称和地址告诉了他，让他帮我调查一下。我想，那家企业一定运营得非常完美，我对此信心十足。然而事实却让我大吃一惊：这家公司自称资金雄厚、实力强大，可事实上，它如果按照目前的经营模式进行下去，破产是迟早的事情。

洛克菲勒格言

使我成为一代巨富的原动力，就在于我唤起了自己的贪心，并且使这种贪心得到了进一步膨胀。

挽救失败的企业

于是，我邀请盖茨先生加入我所投资的公司，像我一样成为一个商人，帮我处理那些令人头疼的事务。不过，我答应了盖茨先生，支持他将更重要更伟大的慈善事业进行到底。

我在这里向盖茨先生表达我的仰慕之情。他深谙商场之道，具有前瞻的眼光，拥有卓越的商业才能。与此同时，他一直坚守的慈善事业也给社会带来了重大的影响。他担任普通教育委员会（General Education Board）的会长，同时参加了其他一些组织的公益活动。为了给社会带来恒久的利益，多年来他组织了许多公益项目。

多年来，盖茨先生一直帮我打理个人事务，陪我度过了许多艰难的日子。他为我分担了沉重的任务，我才能抽出一点时间打打高尔夫球、进行园林设计、植树以及享受其他的生活乐趣。他对教育、医学方面的调查研究十分成功，这为我们之后在这些领域进行的慈善工作打下了坚实的基础。我的儿子在近十年里为盖茨先生分担了一些事务，最近，斯达·墨菲先生（Starr J. Murphy）也开始协助盖茨先生。盖茨先生的大半生都在为我们的事业操劳，他也应该享受一下休闲的生活了。

洛克菲勒格言

我不喜欢钱，我喜欢的是赚钱，是胜利时刻那种美好的感觉。

还是回到我那些差强人意的投资上来吧。盖茨先生充分调查研究了我投资的所有企业。申请破产管理需要付出巨大的代价，企业必将遭到重创，我们必须竭尽全力避免我们投资的公司走向破产。只要付出时间和耐心，这些失败的企业很可能重获新生。于是，我们计划通过提供贷款、改进生产设备、减小成本等方式来挽救它们。就这样，在1893年和1894年那段困难的日子里，我们一丝不苟地处理着这些濒临破产企业的事务，我们有时购买别人的股份，有时出售自己的股份，就这样经营了很多年。幸运的是，几乎所有企业都从破产的噩梦中逃脱了，它们没有走向申请破产管理、丧失抵押品赎回权的道路。

这些问题还没有完全解决时，我们已经掌握了应对商业弊病的方法和策略。我现在重述这些经历，主要是为了勉励那些商场上暂时失意的人们，即使看似山穷水尽了，只要小心谨慎、踏踏实实地努力，终会柳暗花明的。但是这里包含了两个必要条件：第一，懂得投资，自掏腰包或者合伙筹集款项；第二，一定不要违背商场的自然法则。

洛克菲勒**格言**

如果你想追求胜利，如果你希望赢得胜利，你就必须抗拒同情别人的念头。

投资矿场

我们持有一些矿场的股份和一条铁路的股票及债券，建造铁路是为了将矿石从矿场运输到港口。虽然我们对矿场的产量信心十足，但铁路是将产量转化成利润的必要辅助条件。就这样，我们开始投资建造铁路。但是，在1893年大萧条的慌恐中，工商业几乎全盘崩溃。那时我们虽然只是小股东，但似乎只有我们才能为铁路运输事业带来一线生机。我们不得不用证券抵押贷款来筹集款项。后来，为了支付铁路工人的工资，我们不得不筹集大量现金，从当时动荡不安的货币市场高价购买货币，紧急运输到西部。经济大萧条的慌恐日渐消退，事态随之渐渐明朗起来，我们这才意识到自己的处境。我们已经投资了数百万美元，没有人愿意再入股，相反，所有人都急着抛售自己的股票。我们不用争取就获得了几乎所有的股份，我们购入的股票数量惊人，而我们支付的都是现金。

就这样，我们拥有了大量的矿场。一些矿场中，采一吨矿石只需付给采矿工人几分钱。但是，矿石的运输仍是我们亟待解决的重要难题。

洛克菲勒格言

我们都在相互扼杀对手，如果不能下决心竞争和奋斗到底，就只能成为失败者。

为了保护我们的投资，我们必须尽可能地扩大贸易规模。铁路和船舶只是辅助工具，矿场才是盈利的关键所在，我们相信好矿多多益善。既然已经投资了这么多，我们索性买下了所有我们认为有价值的矿场。

令我惊讶的是，一些大型的钢铁制造商竟然没有正确地判断这些矿场的价值。在我们投资之前，购入这些矿区只需要非常低廉的价格，而它们却拥有无数的高产量矿井。投身这一行，我们决定利用最高效、最先进的开采及运输工具，为每个有需求的人提供矿石，我们还将利用由此而获得的利润，继续投资更多的矿区。

盖茨先生成为了多家公司的总裁，由于这些公司以矿井和铁路为主，他开始学习打理矿石开采及运输方面的事务。事实证明，盖茨先生不仅是一位杰出的学者，而且是一位智慧的商人。他只是偶尔征询我的意见，并几乎独自包揽了所有的工作，但我仍然记得我们之间化险为夷、共渡难关的许多有趣经历。

洛克菲勒**格言**

在这个世界上，凡是能取得成功的人，都是知道寻找理想环境的人，如果他们找不到理想环境，就会自己去创造。

造船

铁路方面的问题解决了，为了满足矿石运输的需求，我们还必须拥有自己的船舶。由于我们对船舶制造业一无所知，按照惯例，我们决定向行内的权威人士求助。我们对这位专家十分熟悉，他从事的是矿石运输业，我们算是竞争对手。盖茨先生联系了他，一天晚饭前，他和盖茨先生一起来到了我纽约的家。这位专家说他的时间安排得很紧张，我告诉他我们在十分钟之内就能够协商妥当，事实的确如此。这是我与矿石公司人员的唯一一次会面，盖茨先生出席了其他所有的会议，我非常放心地将公司的事务托付给他，他看起来似乎十分享受工作带来的乐趣。

我们希望自己能够运输苏必利尔湖沿岸的矿石，船舶在一定程度上决定着我们的成败，我们向这位专家说明了情况，希望他能为我们建造最大型最精良的船舶。那时，最大的船舶载重约5000吨，1900年，我们的船载重已达七八千吨，当然，现在万吨巨轮已经不稀罕了。

自然，这位专家回复道，他本身就是从事矿石运输业的，不希

洛克菲勒
格言

当一只动物要靠人类供给它食物时，它的机智就会被取走，它的麻烦就来了。

望我们投身相同的行业。我们向他解释说，我们在此行业中投资了巨额财产，为了保护自身的利益，我们必须经营自己的船舶来实现集开采、运输和销售为一体的连贯运营。虽然他是我们最强大的对手之一，但是他有能力为我们建造最精良的船舶，我们这才向他寻求帮助，我们相信他是诚信、率直的人，而且非常渴望能与他合作。

洛克菲勒
格言

我喜欢胜利，但是我不喜欢为了追求胜利而不择手段。

聘请竞争对手

这位专家非常固执，仍不肯与我们合作，但我们明确表态，已经决心投身这一行业，如果他愿意出面帮忙，我们将为他提供可观的报酬。我们解释说，已经有人承担了这项工作，但我们随时欢迎他的加盟。功夫不负有心人，这位专家终于被打动了，他即刻接受了我们的请求。接下来，我们又签订了协议，双方对此都十分满意。他就是来自于克利夫兰的塞缪尔·马塞先生（Samuel Mather）。这是我与他的唯一一次会面。他在我家里只待了几分钟，在这几分钟里，我们下了300万美元的订单。虽然马塞先生是我们的竞争者之一，但他享有崇高的商业道德，我们对他百分百地信任，并从未忽视过这一点。

当时，约有九至十家造船厂分布在五大湖区，各个船厂相互之间竞争激烈，每家船厂都是一个独立的个体。这些船厂的境况十分艰难：它们未能全面投入生产，似乎仍未从1893年的大萧条中苏醒过来。正值秋日，船厂的许多员工感受到的却是冬季的严寒。在计划船舶的建造数量时，我们考虑到了这一点。为了给五大湖区的剩余劳动力提供就业机会，我们决定尽可能多地造船。于是，我们请马塞先生

洛克菲勒
格言

如果你在一段时间内给一个人提供免费的午餐，他就会养成不劳而获的习惯。

写信给每家船厂，确定它们能够建造的船舶数量，并计划在第二年春季投入使用。马塞先生了解到，有些船厂能够承建一艘，有些能承建两艘，加起来总共十二艘。于是我们决定承建十二艘船舶，在当时，这些轮船的承载量是五大湖区最大的，所有船舶都是由钢铁制造的。它们具有相同的规模，同样也是运输矿石的最佳水上工具。

这些船的造价自然都很高，但如果马塞先生从一开始就宣布将要承建十二艘船的话，它们的价格应该会更高一些。过了很久，我才听说他对这件事情的处理方法，这个故事对许多人来说或许还是新闻呢，虽然它已经成为了历史。马塞先生对造船的数量秘而不宣，他把相同的计划书和船舶技术参数寄给了每家船厂，并让船厂根据自身的实力投标一至两艘船。自然，每家船厂都争先恐后地争取这一项目，至少争取到其中一艘船，因为所有人都以为马塞先生最多准备承建两艘轮船。

竞标的那天，所有投标人都应邀来到了克利夫兰，他们被依次邀请到马塞先生的私人办公室，讨论项目的细节问题。大家都对谜底的揭晓充满期待。之前，马塞先生的态度让每个人都觉得自己十拿九稳，但是，从马塞先生办公室出来时，所有人的脸上都挂着得意的微笑，事情变得扑朔迷离。

到了最激动人心的时刻，场上所有人几乎同时收到了马塞先生恭喜他们竞标成功的便条。大家都激动地向竞争对手展示着自己的便

洛克菲勒

格言

与其授人以鱼，不如授人以渔。

条，他们正想对失败者表示同情时，却发现其实自己根本没有任何竞争者，到场的每个人都拿到了合同。这个发现给他们带来的惊喜远远大于无法向对手炫耀所带来的遗憾，一切皆大欢喜。值得一提的是，由于企业合并，这些友爱的先生后来都成了同事，我们购置轮船的价格也更加统一了。

洛克菲勒格言

当你向一个人进行施舍时，就等于否定他的尊严；否定他的尊严，就等于抢走他的命运。

从未出过海的船务经理

随着船舶承建工作的进行，我们开始了矿石业的正式博弈。我们意识到，当时的首要任务是解决轮船的运营问题，于是，我们再次向竞争对手马塞先生求助，希望他能帮助我们。然而，由于身负其他重任，他无法答应。一天，我问盖茨先生："我们该如何管理这些船舶呢？你了解相关的资深公司吗？"

"不了解。"盖茨先生说，"我的确不知道这方面的公司，但是我们为何不尝试一下自己管理呢？"

"你并不精通船舶运营方面的事情，对吗？"

"的确如此，"他回答道，"但我认识一个可以胜任此工作的人，虽然我担心你会对他不满意，但他确实具有最重要的品质。他从未在船上待过，也不熟悉航海，但他聪明、诚实、进取、热情、勤俭，学习能力很强，即使是对于一些从未接触过且具有一定难度的事情。这些轮船的建造工期还有几个月，如果我们现在聘用他，等到船舶造好的时候，他对船舶的运营管理工作一定游刃有余了。"

"好吧，"我说，"我们现在就聘请他。"

洛克菲勒格言

勤奋工作才是唯一可靠的出路，工作正是我们享受成功所付出的代价。财富与幸福，必须通过努力工作才能获得。

他就是来自纽约布鲁姆的鲍尔斯先生（L. M. Bowers）。鲍尔斯先生实地考察了五大湖区的每一个船厂，并对此进行了认真的调研，他很快就对船舶的承建工作提出了宝贵建议。从这些轮船首次扬帆开始，鲍尔斯先生就全面负责船舶的管理工作，所有船员都十分赞赏他的技术和能力。更有甚者，鲍尔斯先生还发明了一种锚固装置，我们自己的船队最先使用，后来其他船舶也纷纷效仿采用，听说现在美国海军也在使用这种装置。在此之前，鲍尔斯先生一直负责轮船的管理工作。此后，鲍尔斯先生又担任了其他许多繁琐的职务，他每次都表现得非常完美。后来，由于家人身体欠佳，他搬到了科罗拉多，如今，鲍尔斯先生已经成为了科罗拉多州能源及钢铁公司（Colorado Fuel and Iron Company）的副总裁。

由于这些大型的船舶和铁路，我们拥有了最有利的资源。公司开始运营得十分顺利。我们大规模地拓展业务，开采矿石，向克利夫兰及其他港口源源不断地输送产品。我们的船队不断发展壮大，后来拥有了五十六艘大型轮船。由于我幸运地拥有了这么多积极向上、精力充沛、勤劳能干、值得信任的助理，他们为我承担了许多责任，这家公司和其他许多我感兴趣的工作一样，并没有耗费我多少精力。那些优秀的商人从来不会令我失望。

洛克菲勒
格言

如果你想让一个人残废，只需给他一副拐杖。

与钢铁公司的交易

我们在矿石行业蓬勃发展，直到美国钢铁公司（United States Steel Corporation）成立。美国钢铁公司派出一位代表与我们会面，并向我们表达了收购我们的土地、矿井和舰队的愿望。我们的工作进展得十分顺利，当时完全没有必要出手。但是，美国钢铁公司认为我们的矿井、铁路和船舶是他们战略规划的一部分，于是，我们表示愿意成人之美，促成这一伟大事业。我想，当时卡内基先生（Mr. Carnegie）已经被他们说服了，他同意了抛售自己的产业。经过多次谈判，我们接受了他们的购买价格，此时，我们的矿井、船舶和铁路也全部归到了美国钢铁公司的名下。参考这些产业目前的价值和增值空间，我想我们当时接受的价格相当保守。

由于这场交易，美国钢铁公司多年来一直盈利。我们用出售这些产业的大部分收入购买了美国钢铁公司的股票，所以我们也能从公司的发展中获得少量分红。就这样，在奋斗了七年之后，我彻底地离开了矿石开采、运输和贸易行业。

洛克菲勒**格言**

一个人活着，必须为自己和世界创造一些足以使生命和死亡有点尊严的东西。

遵从商业法则

回首在矿石业奋斗的经历，我更深刻地了解到我时常提及的法则。如果年轻人能够耐心地将我的回忆录读到此处，希望他能从我的经历中受益，我将感到心满意足。

在商界，遵从商业法则是获得成功最基本的条件。要探索正确的运作方向，坚持合乎常理的运营模式，不要鼠目寸光而受眼前蝇头小利的诱惑，也不要好高骛远妄想一夜暴富。不要把时间浪费在只能带来小小胜利的事情上，除非你满足于一丁点儿的成功。在你能够清晰地看到这是一条成功之路后，再去投身这项事业。要高瞻远瞩。可令人惊讶的是，许多智慧的商人在对将要投入的行业没有任何预见的情况下，就赌上了全部身家。

认真地考察你需求的资金数量，由于挫折是在所难免的，所以坚强地面对所有潜在的风险。在任何时候都不要自欺欺人。仅仅抱着赚钱念头的人是不会成功的，你需要更大的抱负。伟大的商业领袖曾屡次告诫我们，要想获得自信和永久的成功，只能通过诚信经营，这也是我们所珍爱并为之努力奋斗的真正财富。

洛克菲勒格言

学问本身并不能说明什么，它必须应用于实践当中，才能发挥作用。

如果你能够将每天的任务圆满完成，忠实地遵从这些基本的商业法则，同时保持头脑清醒，成功就会属于你，那时也许你就会原谅我这番老掉牙的古板说教。“胜不骄，败不馁”的道理，我想，对于能够读懂这本书的年轻人来说，没有必要再重复赘述了。

洛克菲勒格言

在困境中坚持向上攀爬的人，才知道如何想方设法地让自己胜出，并让自己得救。

大萧条的经历

我本来计划在19世纪90年代初退休。很小的时候我就开始工作，五十岁的时候，我想自己不应该再一味地赚钱，而应从商业事务中脱身，享受生活的其他乐趣。但是1891年和1892年形势非常不理想。1893年，暴风雨降临了，如我前面所述，许多失败的投资都需要我来处理。所有人在这一年和下一年都举步维艰。这个时期，没有人能够安心地退休。在大萧条的这些年里，标准石油仍然运行在正常的轨道上，由于遵从保守的财务管理模式，我们储备了大量的现金资源。1894年至1895年，我终于从公司的管理事务中解脱出来了。从此，我几乎再也没有参与过公司的具体运营管理。

我清晰地记得自1857年以来的所有大萧条时期，但我认为1907年的大萧条是最难捱的，无论大小所有的企业都未能逃过此劫，人们深陷于混乱与恐慌之中。我和其他商人都必须向摩根先生（Mr. Morgan）真诚而有力的帮助致谢，他的权威不容怀疑。摩根先生处事果断、雷厉风行，他的执行能力和决策能力使人们重拾信心。在他的号召下，国内许多实力派的金融家纷纷团结起来，重塑国家的自信，力挽狂

洛克菲勒 格言

不放过任何让自己吃苦的机会，正是我所笃信的成功信条之一。

澜，恢复昔日的繁荣。有人曾经问过我，我们能否迅速从1907年10月的大萧条中复苏。我拒绝讨论这个问题，因为我不是预言家，也不是预言家的儿子。但是，我们当然会快速恢复过来，正如最后结果所显示的那样。经历了这一场暂时性的挫折，我们在日后的经营中更加小心翼翼、稳妥保守，这也正是我们需要的品质。大萧条不会长期地消磨我们的斗志，这个国家的资源也没有因金融风暴而损失惨重。我们一旦从大萧条中复苏，就将拥有更加稳健的未来。同在其他事情上一样，在商业事务上，忍耐是一种美德。

在这里，我想再一次提醒商业界的人们，要认清自己的实力，面对现实。如果在管理方法上有所失误，应及时改正。不能随意背离自然法则，忽视自然法则的存在是极其愚蠢的行为。在美国这个思维活跃、想象力极其丰富的国家，丝毫不违背平淡、生硬的现实条件并非容易的事情，但我们要在世界市场中处于不败之地，就必须自尊自强，严格恪守商业法则。

洛克菲勒

格言

我有自己的真理，只对自己负责。

第六章

散财：把财富带进坟墓是可耻的

序

对同胞的责任以及奉献的快乐，这些话题很容易拓展为长篇大论，堆砌成世代吟唱的陈词滥调。

我并没有奢望为此增添新的闪光点，许多天才的作家都无法做到这一点。不过我承认，我对这个话题的兴趣远远超过了谈论商业和贸易。对企业来说，慈善活动的确可以带来商业效益，但是，其身后发自内心的奉献精神，才称得上是真正的财富。

而今，我们已经能够要求国家的栋梁之才将更多的时间、智慧和金钱贡献给社会公益事业。我不会冒昧地为慈善工作所包含的具体内容下定义。每个人都是为自身而从事慈善活动，理应自己选择做好慈善事业的方式。在我看来，慈善活动没有优劣等级之分，也没有内容和形式的限制。

认为财富等同于幸福的观点是不正确的。富人和其他人并没有什么差异，他们从金钱中获得的快乐源自于他们能够为他人带来快乐。

洛克菲勒**格言**

命运给予我们的不是失望之酒，而是机会之杯。

富人的局限

有些人仅仅用财富来换取物质上的享受，他们的消费方式让我感觉十分无聊。那种购买欲带来的满足感很快就会消失，因为人生真正的价值是不能用金钱买来的。那些在报纸上光鲜亮丽的富人，不会因为奢华的生活而拥有超人的能力。金钱可以买到山珍海味，却买不来好胃口；即使披金戴银、外表风光无限，也可能遭受公众的嘲讽；纵然生活环境优越，痛苦也不会因富有而减少。通过与各种各样的富人打交道，我得出这样一个结论：只有投身公益事业、造福社会才能使富人的财富实现真正的价值。

商人通常会认为自己已经为社会作出了许多贡献。他建立的产业或多或少地为人们提供了稳定的工作，他为员工创造了优越的工作环境，提供了新的机遇，激发了其强大的工作动力。想要得到人们的尊敬，就必须将员工的福利待遇牢记在心中，并付诸行动。认为按时发放工资的企业就是好企业，这是一种狭隘而局限的想法。

洛克菲勒格言

智慧书的第一章，也是最后一章，就是天下没有免费的午餐。

慈善

慈善超越了普通意义上的公益活动，它意味着造福人类，播撒文明的种子，传递健康、正义与幸福的福音。在我看来，慈善是指时间、精力和财富的投入，拓展现有的资源，为员工提供丰厚的薪资福利，创造优越的工作环境和晋升的机遇。单纯地发放工资是永远无法与这种恒久利益相比的。

我常常这样思考：假如这种观点成立，慈善事业将拥有多么广阔的天地！有人会想，日常工作和慈善事业是两码事。我不同意这种论断。如果一个人只有在周末才有时间发发善心，可想而知，他能为慈善事业作出什么贡献！

通常那些忙碌的人们才能为公众提供强有力的帮助。我熟识这样一些人，他们对慈善怀着炽热的心，他们并不把它当作暂时的任务，而是将它视为长期的职责。他们接手摇摇欲坠的企业，带领它们走向成功。他们面临着巨大的风险，背负着外界的种种猜疑，但仍坚持不懈，永不言弃。这不只是为了个人利益，而是源于一种更高尚的造福

洛克菲勒**格言**

每个目标的实现，都是源于勤奋的思考和勤奋的行动，而实现财富之梦也是同样的道理。

社会的精神力量。

我特殊的付小费的方式

通常是抓起一把零钱放在手里，也不说给多少，而是让侍者拿他认为该拿的数目。

洛克菲勒

格言

我能做到的，就是让嫉妒我的人继续嫉妒我。

无私的奉献是成功之路

我对初入社会的年轻人提出了以下建议：

如果你志向高远，渴望成就一番事业，那么不管你现在是自主创业还是受聘于某公司，都不要妄想试图通过欺骗的手段取得成功。在选择自己的职业或老板之前，要好好思考这些问题：我最适合的职业是什么？在何处才能为世界作出最大的贡献？如何才能为社会创造最大的利益？如果你怀着这样的精神来选择自己的职业，你就已经向成功迈出了一大步。据调查，首富们通常都是那些胸怀祖国未来、竭尽全力拓展国家资源、建立意义深远的伟大经济事业的人，无论在我们的国家还是其他国家都是这样。为社会创造最大利益的人一定会登上成功的巅峰。公众所需的工商企业必将蒸蒸日上，而人们不需要的工商企业注定节节败退。

其次，商人最忌讳的就是将时间、精力和金钱浪费在无意义的竞争上的重复投资。如果一家工厂能够满足公众的消费需求，并且价格低廉，那么再在当地建立一家同样的工厂就是浪费资源，这种行为剥夺了劳动者的谋生手段，妨碍了国家的正常发展，而且将会引发许多

洛克菲勒格言

好马不会在同一个地方跌倒两次。

社会弊病。

也许，那么多的重复投资是美国人民幸福生活和进步的最大障碍，人们将时间和金钱投入建设竞争的企业，而不是用来投资社会所需要的行业，开发新领域。追寻、经营或是开发新的领域需要我们的创新理念，创新远远胜于墨守陈规，不要一味地效仿前人的功绩，我们的国家发展非常迅速，机遇无处不在。如果只是想从社会中一味地索取，完全不理睬人类的幸福和进步，这种自私的行为注定以失败而告终。城门失火殃及池鱼，糟糕的是，他们的失败将导致一批无辜的人丧失生计来源。

洛克菲勒**格言**

当猪开始独立的时候，都会变得强悍而聪明。

服务社会的慷慨

穷人也许是这个世界上最慷慨的人，他们生活困窘，却在艰苦的环境下分担着彼此身上的重任。一位母亲住在租来的房屋里，她生病了，隔壁的房客帮她照看小孩。一位父亲失业了，邻居将自己紧缩的食物分给他的孩子。我们经常听说某个穷人的遗孤被朋友收养至长大成人，这种义举对于他们穷困潦倒的日子来说无疑是雪上加霜！生活资源匮乏的人尚且如此，富足的人更应该慷慨解囊。犹太人自古就有捐赠出自己十分之一财产的戒律，但这只是一种模糊的捐赠尺度。捐赠出自己十分之一的财产对于有些人来说是轻而易举的，而对于有些人来说几乎是不可能完成的重任。最重要的不是捐赠的多少，而是赠与的精神，那些贫苦的人们总会在不经意间向他人伸出援助之手。我又在赘述某些陈词滥调了。

童年时期，我接受的教育非常古板，但是，我恪守当时必须遵从的一个规定——定期捐赠自己所挣得的财物。这种方式使孩子从小便意识到自己对他人的责任，但我不得不承认，现在培养孩子的这种意识已经越来越困难了，因为在当时看来是奢侈品的许多东西，在今天

洛克菲勒

格言

炫耀自己聪明的人是傻瓜，懂得装傻的人才是真聪明。

看来已经太普通了。赠与所带来的快乐和满足感远远超过了获取金钱的过程。在我的人生中，自始至终，我希望通过捐赠，实现财富的最大价值，造福社会和子孙后代。

捐钱和捐力有所不同。当穷人遭遇不幸时，捐赠者不仅可以捐赠财物，还能通过了解他们的处境，帮助他们解决根本的生活问题，使援助更加高效。捐赠者一般不会生活困窘，他们有能力通过科学的视角帮助受捐者分析和解决问题。通过合理地出“力”，捐赠的财物将会发挥更高的价值。

在众多高尚无私的管理者的经营之下，医院给人们带来健康的福音；同样，医学研究者也起到了举足轻重的作用，他们揭露病痛的根源，研究出治疗的方法，使无数人摆脱了疾病的困扰。

老弱病残者往往能激发人们的同情心，但是，那些揭露病痛根源、研究治疗方法的医学工作者却总是很难得到资金支持。前者很容易打动人心，而后者却必须用心良苦地去打动别人，换取援助资金。但是，我依旧能够感觉到，我们在对科学研究的资金支持方面正在缓缓进步。人们在这方面的意识越来越强烈，他们给予研究者的援助越来越多。那些伟大的研究者正在为科学研究事业挥洒青春和热血。例如一些人在对黄热病的研究过程中付出了自己的生命，他们的贡献将造福子孙后代，也正是这种牺牲精神，才使得我们的医疗事业蒸蒸日上。

洛克菲勒格言

勤奋能磨练一个人的品质，更能培养一个人的能力。

捐资进行科学研究

这种牺牲精神能够达到什么高度？每年，许多科学工作者义无反顾地投身研究事业，追寻科学真相，为人类的求知史增加新篇章。我常常想，那些口无遮拦地责怪他们的人一定不曾好好斟酌过自己的言行。毫不关心的冷嘲热讽是一码事，通过艰苦卓绝的工作荣获权威的地位绝对是另一码事。

对我来说，我认为自己向来只是一个旁观者，没有权利对那些科学研究者妄加评论，他们在科学研究方面的成就比我不知要高多少倍。

许多人对科学家们用动物做实验这一行为加以谴责。那些动物权利保护者的言辞异常煽情，这足以让人们完全忘记这一争议话题的另一面。纽约洛克菲勒医学院院长西蒙·费勒克纳尔博士（Simon Flexner）不得不面对尖酸刻薄的批评和那些并不真实的新闻报道。近来，医学院在费勒克纳尔博士的带领下，成功地研究出了脑脊髓膜炎的治疗方法。大约牺牲了十五只动物的生命来寻找这一疗法，其中大部分是猴子，但是牺牲的每只动物都将挽救无数人的生命。像费勒克

洛克菲勒格言

结束生命的最快捷的方式，就是成天无所事事，什么事都不做。

纳尔博士和他同事那样充满博爱精神的人，不会白白牺牲无辜的动物，而且，他们会尽最大努力减轻动物的痛苦。

一位同事曾经给我写信讲过他们挽救儿童生命的一个故事，我将在这里引述他的原文。亚力克西斯·卡雷尔博士（Alexis Carrel）是费勒克纳尔博士的同事，坚持不懈地试验和丰富的临床经验使他拥有了精湛的医术。

一次出色的外科手术

医学院的工作人员亚历克西斯·卡雷尔博士一直在进行有趣的外科实验，他已经可以成功地移植动物的器官和血管。近来，他将这种技术应用到了人体身上，并成功挽救了一名婴儿的生命，整个纽约医学界不禁为之震撼。去年三月，纽约的一位年轻外科医生早产生下了一名婴儿，这名婴儿患有先天性疾病，血液会由血管渗出，流入全身的组织。一般来说，这名婴儿会由于内出血而死亡。出生后的第五天，婴儿已经开始渐渐失去生命的迹象。这名婴儿的父亲和叔叔都是该研究领域的杰出专家，他们连同另外一两位医生一起会诊，但仍找不到头绪。

这位父亲正好和卡雷尔博士一起工作过，卡雷尔博士的研究工作给他留下了深刻的印象。他突然想到，直接输血也许可以挽救孩子的性命。但是，这种手术只在成年人的身体上实施过，在婴儿身上几乎

洛克菲勒格言

处处一帆风顺之人和毫无作为之人的最大差异，就在于是否寻找失败的借口。

不可能进行，他的血管太细了。手术中，两个人的血管必须连接在一起，血管内膜必须完全黏合。如果血管肌层和血液接触，凝结的块状体就会将输血管道阻塞。

幸运的是，卡雷尔博士曾经在幼小的动物身上做过类似的实验。这位父亲坚信，只有卡雷尔博士才有可能将这种手术做成功。

当时已经是午夜，孩子恐怕已经不行了，这位父亲恳求卡雷尔博士作最后的努力。虽然手术成功的几率很小，卡雷尔博士还是立即答应了这次手术。

这位父亲为婴儿提供血液，他们两人都不能使用麻醉剂。婴儿的血管太纤细了，只有一条血管可以进行手术。血管在腿后很深的部位，它是由在场的一位外科医生找到的。后来据那名外科医生说，孩子当时已经没有了生命迹象，无论怎么看，都已经夭折了十分钟以上。这种情况下，他提出质疑，是否还有必要进行手术。但是，那位父亲坚持要继续进行手术，于是，这名外科医生连接上了那位父亲手腕上的桡动脉和婴儿的血管。

后来，这名外科医生把这部分手术称为“铁匠工作”。他描述，孩子的血管只有火柴棒那么粗，同时又像被打湿的香烟纸片般脆弱。但是，卡雷尔博士成功地完成了这项艰巨而伟大的工程，在场的医生都称这次手术为外科史上的奇迹。大约一品脱血液缓缓流入婴儿的身体，这是来自于父亲动脉的鲜血。婴儿耳朵上出现了一小片粉红色，

洛克菲勒 **格言**

一头猪被好好地夸奖一番，它就能爬到树上去。

这是第一丝生命迹象，接着，蓝色的嘴唇渐渐显现血色。突然，婴儿的身体开始变红，像受了芥末刺激一样，并且，他放声啼哭起来。大约又过了八分钟，手术进行完毕。这时，婴儿已经开始哭着要食物了。孩子在吃饱之后进入了正常的睡眠状态，并且逐渐康复起来。

后来，这位父亲参加了奥尔巴尼立法委员会会议，他对上次会议中无法定论的限制动物实验的法案投了反对票。他把这个故事讲给了大家，而且还说，当时自己看到卡雷尔博士进行实验时，并没有想到这些实验很快就能挽救人类的生命，更没有想到，它竟然挽救了自己孩子的生命。

洛克菲勒**格言**

失败者料理“后事”的第一个举动，就是给自己的失败找出千般理由来。

最重要的助人方式

如果人人都能学会自助，我们就铲除了许多罪恶的根源。帮助别人拯救自己是最重要的助人方法，可是很多人却对经常挂在嘴边的道理熟视无睹，重新提及这个话题并不是毫无价值。

只有通过自己为自己做事情，我们才能真正获益。不劳而获的财富通常是祸不是福。虽然事实上，投机活动往往失败多于成功，但是，我们反对投机的主要原因不在于此，而在于从投机中获利的人往往会在其成功的经验中汲取更多的弊病。在金钱和其他事物的给予方面，道理相同。得到的越多，将来遭受的挫折也许就越多。接受馈赠的人只有在一种情况下能够真正受益，即他们只有学会自助，才能得到永久的庇护。

研究病原体的专家告诉我们，各种现象表明，人体本身拥有消灭病原的抗体，只有当抗体低于正常水平时，病毒才会肆无忌惮。所以，抵御疾病的方法就是提高自身免疫力，当病毒疯狂入侵时，可以通过增加体内抗体来对抗。同样，人的失败通常源自于自身的缺陷，即身体、精神、性格、意志力或秉性方面的短板。所以，避免失败的

洛克菲勒
格言

财富是勤奋的副产品，财富只是意外之物。

唯一方法就是找到失败的原因，并加以克服，从而不断地完善自身。只有通过自身的不懈努力，我们才能真正获益。

每个人都希望自己得到幸运女神的青睐。有些人利欲熏心，他们几乎完全丧失了人性，如果成功降临在他们的头上，我们的整个文明将淹没在无底的深渊之中。我始终坚信，人格的差异直接导致经济地位的不同。唯有广泛地播撒美好的德性，帮助他人自我完善，才能在更广阔的天地中散播财富的种子。一般来说，如果一个人拥有健康的体魄、敏捷的思维和美好的德性，他一定会成功。但是，这些品性只能通过自身的努力来获取，如前所述，别人只能帮他自助。

我们必须不断地告诫自己，能够推动人类进步的资源是有限的。因此，我们必须高效利用所有的支出，争取发挥最大的效应！

我曾经坦率地表达过，在商业界，我遵从优化资源的原则，支持企业以恰当的方式公平公正地合并、合作，浪费资源意味着削减实力。商业界的这一原则同样适用于慈善事业，我希望并笃信这一点。就那些致力于为他人谋福利的人来说，合并与合作不只是企业发展的必然趋势，也是一种创造福利的高效手段。

洛克菲勒**格言**

生命，是用来享受的。如果浪费时间去担心自己的健康，而且真的由此生出病来，那才是真正的不幸。

一些基本原则

这一章也许会因此变得十分乏味，纵然早就有人告诫过我，即使最拙劣的作家都不会使用这种写法，但是，那些基本的原则是我人生和事业的根基，我仍然决定将它们记录在此处。这些原则一直指导着所有重要工作的开展，假如没有这些清晰连贯的目标，我所从事的慈善工作肯定不会取得如此突飞猛进的发展。

其中，我认为，制订条理清晰的计划是非常重要的。

1890年前后，我从事的慈善活动依旧毫无章法。在日益发展壮大的慈善领域，我跌跌撞撞地前行，没有明确的指导原则，没有确切的目标和清晰的方向。我逐渐意识到，我需要建立一个部门，像商场的业务部门一样，专门来处理这些事务。在这里，我将把当时制定的一些基本原则讲述给大家，至今为止，我们依旧遵从着这些原则，并希望它们能够传承下去。

虽然我意识到了，在书中肆无忌惮地谈论这种私人问题并不得体，但我并不会因此而感到羞愧，因为我的家人和同事为了完成其中的大部分工作、实现那些想法奋斗了一生。

洛克菲勒格言

一个不以才智高低为借口的人，绝不会低估自己的才智，同时也不会高估别人的才智。

不管人们是否能够意识到，每个正常的人都有自己的一套生活哲学。一些指导原则总会隐藏在人们的内心深处，指引着他的生活。当然，人的终极目标应该是为人类社会的进步贡献自己的绵薄之力，这种力量不论大小，无关形式，金钱与服务皆可。

每个人都应以此为理想，无论通过投资还是行善，充分利用自身的资源，推进社会文明的进步。但是，问题很明显，文明究竟是什么？文明发展的基本规律是什么？一直以来，这是我们研究的课题。如果你来到我们的办公场所，向慈善委员会或者投资委员会成员问道：文明究竟是什么？他们一定会这样告诉你，研究发现，文明有以下几个构成要素：

第一，生活条件的进步，即衣食住行、医疗卫生方面的改善，工商业、制造业的发展，社会公共福利的增加等等。

第二，政府和法律的进步，即法律能够赋予每个公民公正、平等的权利，能够捍卫完整的个人自由。

第三，文学和语言的进步。

第四，科学和哲学的进步。

第五，艺术和社会鉴赏力的进步。

第六，道德和宗教的进步。

如果你继续询问他们，其中哪个是最根本的要素？实际上，他们经常会被问及这个问题，他们肯定会这样回答：这是一个学术问题，

洛克菲勒**格言**

一个人越是成功，就越不会找借口。

它们之间是相互依存的。不过，在历史上，第一个因素即生活条件的进步，总的来说，先于政府、文学、知识、鉴赏力、宗教的进步。生活条件的进步是整个文明的基础，尽管它称不上是最重要的因素，但是，失去了这一必要条件，文明将被彻底颠覆。

因此，一直以来，我们试图努力改善人们的生活条件，我们作出各种投资，力求降低人们的生活成本，为其创造更加温馨舒适的生活环境。我们不会奢望这些投资给我们带来什么好评，也并不觉得我们作出了什么牺牲。这些领域为我们带来了最丰厚最稳定的效益。或许在许多方面我们国家还不及其他国家，但是在生活成本、生活资源的获取、生活必需品的普及方面，我们的国家已经远远超过了其他国家。

也许有人会问，既然公众应该共同享有这些社会福利，为何财富依旧聚集在一小部分人手中？对此，我是这样理解的：虽然只有一小部分人掌控着大量的财富，但是他们并不能够将它据为己有。他们的确拥有大批的产业，并掌握着控股权，但是，他们与这些产业的关系也不过如此。通过投资，他们的财富不断地向外界流通，并逐渐发放成工人的薪资。

时至今日，财产私有依然是最有效的资金管理方式。我们可以选择把钱存入国库或者某个州的财政部，但根据过去的经验，没有任何法律可以确保这些财产将会获得比个人所有更有效的管理方法，也

洛克菲勒格言

在追求事业成功的过程中，最重要的一个步骤就是——不要给自己找借口。

没有任何方案可以保证，它们一定能够得到更加合理的分配方式，能够为公众创造更多的价值。所以，富人具有创立产业、支配资金的义务，直至一个或者一群更有能力管理国家财产资源的人出现。

关于后面的四个构成要素，即政府和法律的进步、语言和文学的进步、科学和哲学的进步、艺术和社会鉴赏力的进步，我们认为高等教育能够促进它们的发展，因此，在国内外，我们对各种各样的教育基金进行投资，我们赞赏的教育不仅仅是着眼于现有知识的传播，更要鼓励充满创新意识的研究发明。一所学校对现有知识的传播是非常有限的，也只能影响一小部分人。但是，每一个新发现、每一项科学研究成果都将共享于所有的学术单位，而且可以很快给全人类带来福音。

我们的委员会正不断地在慈善事业方面开拓新的领域，仅仅赞助那些向我们寻求援助的项目并不能使我们得到满足。除此之外，或许还有一些更有意义的项目需要我们的资助，我们只是不知道而已。所以，我们这个小委员会不会只赞助那些上门募捐的企业，而懒散地忽略掉其他的机构。我们作了充分的调查研究，决定在对人类进步能产生最大影响的领域，贡献自己的微薄之力。如果承担这些职责的机构当时并不存在，我们一定会负责创建。今天，我们仍然致力于开拓新领域，这一事业需要有识之士的不断加入和更加广博深刻的探索研究。

洛克菲勒 **格言**

从贫穷通往富裕的道路，永远都是畅通的。重要的是你应该坚信：我就是我最大的资本。

这些慈善活动是快乐的源泉，同时也深深地影响着我的生活。谈及这样的话题，我希望能够再次强调对我们十分重要的生活之事：和孩子们谈心，孩子们会被潜移默化，学会承担家庭责任，与他们保持亲密的关系。父亲是这样教育我的，因此，我也试图这样教导我的孩子。这么多年来，我们经常一起查收信件。这些信件直接影响着我们的慈善行为，我们一起研究有价值的求助信息，我们对慈善事业的历史和来自于慈善机构的报告非常感兴趣，经常一起学习这些知识。

洛克菲勒**格言**

我们的财富是对我们勤奋的奖赏。

第七章

放手：快乐的源泉

序

在前一章，我介绍了从事慈善事业的有效方法，我将在本章借机探讨，慈善事业中我热衷多年的合作问题。

在商业界，企业合并是优化资源配置的有效方法，慈善事业中亦是如此。我认为，安德鲁·卡耐基先生（Andrew Carnegie）同意加入普通教育委员会以后，在教育慈善事业中，合作理念迈出了坚实的一步。我想，他接受了委员会理事的职位，就意味着他肯定了委员会的理念，这也就是，通过合作协助了我们国家的教育机构。

卡耐基先生用自己的财富资助了手足同胞，我们每个人都应感谢他的热忱，他为第二故乡的公益事业作出了卓越的贡献，他的事迹必将流传千古。

普通教育委员会旨在科学系统地解决现存问题，刺激整个教育事业，使其得到发展，而卡耐基先生是委员会会员之一。没有人能够预测这个组织最终将取得多大的成就，但现在看来，在理事会成员的带领下，它必将功绩显赫。虽然，我不是理事会的成员，也从未参加过该组织的会议，其他人完成了这儿所有的工作，但是，我仍想在此表

洛克菲勒 格言

百分之九十九的失败都是因为人们习惯于寻找借口。

达我对委员会的信心。

委员会策划组织了一些大型的公益项目，我已对这些项目研究了数年，现在终于逐渐实现。在每个大型企业中，总有一些对公益事业十分热忱的高尚人才，这是非常值得庆幸的事情。显然，许多忙碌的人们都心甘情愿地抽身于繁重的工作，为人类社会进步的事业共聚一堂、尽心费力。他们都在为我们的项目无私地奉献着自己的力量，其中有医生、牧师、律师、政要……

罗伯特·奥格登先生（Robert C. Ogden）就是其中的一员。多年来，在繁重的工作之余，他仍然不遗余力地发展教育慈善事业，他最大的成就是改良了美国南部的公共教育体制。他的贡献将深深地影响着未来人们的生活。

很幸运，我的孩子和我一样对刚刚起步的慈善事业充满热情，而且他们比我更加勤奋。我们对金钱的观念也相同：君子爱财，取之有道，用之有方。

普通教育委员会始终致力于对美国高等教育机构选址、目标、工作、资源、管理、教育理念、现状与前景的研究。委员会的资金用于深刻的研究事业，调查国内的各种供需机遇，它每年的资费约200万美元。委员会的记录是公开面向社会的。教育慈善事业的捐赠者可以通过这些客观公正、真实可靠的调查结果来查询自己所需要的资讯信息。

洛克菲勒格言

你的钻石并不在遥远的高山与大海之间，如果你下定决心去挖掘，钻石就在你家的后花园。

在我们国家，以个人名义向教育机构捐款的数目越来越多。对选址不当、管理混乱的学校进行资助实属一种资源浪费。研究表明，如果恰当地使用资金，浪费在失败教育项目上的资金足以建立一套完整的高等教育体系。好心人在赞助教育事业之前，一定先要考量项目负责人的能力，认真考察项目的管理、选址及周围配套。对于如此详细的调查，个人是很难完成的，人们通常会因缺乏相关的背景知识而考虑不周。不过，假如由普通教育委员会来做这项工作的话，一定会圆满完成。委员会的成员具备相关的知识、技能和专业背景，他们一定能够提供完美的服务。今天，狭隘的排他主义渐渐土崩瓦解，各行各业的优秀人士正携手并肩，共同推进人类社会。

洛克菲勒格言

虽然你只是这尘世间的一个匆匆过客，但是也要划出人生的亮丽光彩来。

借鉴最成功的慈善机构

罗马天主教在慈善事业上的发展毋庸置疑。在牧师和修女手中，有限的一笔资金发挥出的高效令人惊讶不已。当然，我对其他慈善组织的出色表现也十分赞赏，但是，在罗马教堂的分配下，相同数目的资金所发挥的功效却比其他教会大得多。提到这点，我旨在强调组织原则的重要性。我想，对于几个世纪以来罗马教堂形成的强大的执行力和凝聚力，我已不用再多说什么。

我对于这些问题非常感兴趣。我的助手们成立了一个专门处理资助申请的部门，该部门具有一定的规模，它被设在纽约——我们的慈善委员会所在地。我已多次说过，孤军奋战注定失败。我们每大要收到几百封信件，没有人能够独自处理这些信件，寄信人只要稍作思考就会知道，我不可能独自一人处理他们的申请。

由于多年的经验，我们的慈善事业在项目上取得了成功，这无疑是许多热心人士共同奋斗的结果。

洛克菲勒 **格言**

每个渴望成功的人都应该意识到，成功的种子就在他身边。

我们援助的原则

我们成立了一个部门，专门处理每天收到的成百上千的资助申请信件，该部门的成员主要进行信件的阅读、分类和调查工作。这项任务并没有我们料想得那么困难。这些信件的确千差万别，寄件人来自五湖四海，身处社会各阶层。不过，五分之四的信件要求直接捐钱，主要用于个人消费，而原因就是写信人将对此感激涕零。

不过，一些有价值、值得关注的请求大致可以分为以下几类：

第一，地方性慈善事业的募捐请求。来信者所在的市或镇号召全体居民行动，而优秀的市民便自觉团结邻里乡亲，写了这些求助信，以响应和协助当地政府。但是，像建设医院、幼儿园等公共设施之类的地方性的慈善活动，不应该在别处募捐，那些最清楚当地需求的人们应担此重任。

第二，全国性或国际性的呼吁。财力雄厚的大富豪往往会关注这些呼吁，因为他们的财富足以完成这种事业，这比资助地方性的慈善活动伟大得多。许多全国性或国际性的大型宗教慈善组织和名声显赫的富人经常会收到来自世界各地的请求函，那通常是个人寻求帮助的

洛克菲勒格言

赢本身并不能代表一切，“努力去赢”的做法才是最重要的。

信件。但是，聪明的捐赠者会越来越青睐于那些值得信赖的大型慈善组织，充当它们捐款和分配物资的媒介。我向来是这样做的，实践证明，这的确很明智。

通过多年的经验，我意识到，全面掌握信息的机构最清楚哪里最需要帮助。例如一个传教士为了某个特定的目的，如建医院，请求富人捐赠。这至少需要1万美元的资金，富人当然会捐出这笔款项。不过，这位前来募捐的传教士是某个强大的宗教派别的成员。

假如募捐的请求上交到宗派的总管人员那里，总管人员认为，隔壁的社区比这里更需要建立新医院。隔壁社区的教会组织却无力兴建医院，医院建在隔壁社区，可以同时满足两个社区居民的医疗需求。这样的话，钱当然应该用在隔壁社区。各个传道站都知道这些情况，但是，捐赠财物的人却不一定知道。我认为，在捐赠财物之前，明智一点的做法应该是，首先向那些掌握全面信息的人了解清楚具体情况。

在面对自己的社会责任时，某些成功人士总是试图寻找一些借口来安慰自己的良心。比如有人会说："我不相信在街上行乞的人。"我赞同这种观点，我同样对乞讨这种行为有所质疑，但这并不能成为逃避责任的借口，我们仍然可以改善像乞丐一样的一些人的生活环境，为此贡献自己的绵薄之力。我们不轻信于行乞的人，对于他们的索取毫不屈服，这恰恰成了参加并支持社会慈善机构的理由，这些机

洛克菲勒 格言

金钱不一定是万能的，但是在我们这个世界，有很多事情却离不开金钱！

构能够区分出真正需要帮助的群体和利用人们的同情心进行诈骗的无赖之徒，它们能够作出公正而人性化的判断。

还有一些人说："我们听说自己捐赠的钱到了真正需要它们的人手里只剩下了一半甚至更少，这些所谓的委员会根本不值得信任。"很多时候，这种说法并不真实。纵然这种说法具有一定合理性，捐赠者因此而逃避自己的职责也是不应该的，这绝不是"事不关己，高高挂起"的理由，更不能成为完全无视自身社会责任的借口。

洛克菲勒格言

如果一个人只知道当守财奴，那么金钱就是万恶之源。

慈善效益最大化原则

同样，在相同的领域，慈善事业无需重复建设，加强和完善已经运作的项目是十分必要的。但是，重复建设的事例举不胜举，确定一个领域是否已经饱和是慈善事业最困难的事务之一。捐赠之前，很多人只是简单地考虑那些机构的管理是否正规，却毫不思考这一领域是否已经饱和。实际上，我们应该考察同一领域的所有类似机构，而不是单纯地对某一机构进行考察。举例如下：

一群社会热心人士准备筹建一所孤儿院。募捐活动开始以后，一位捐款人首先认真地调查了当时的情况。他向活动组织者询问，该社区现有的孤儿院共有多少张床位，情况如何；孤儿院计划建在何处；该社区还缺少什么公共福利设施。

活动组织者对此毫不知情，为了使该计划行之有效，这位捐款人决定自己弄清状况。经调查，这座城市已经有很多类似的机构，床位数量早就供大于求，这一领域已经完全饱和。获得的信息显示，再兴建一所孤儿院是完全没有必要的，他将此告诉了组织者。我希望计划因此被取消，但事与愿违。这些人情感泛滥的时候，往往不会考虑少

洛克菲勒
格言

人活着必须有目标或野心，否则就会像没有舵的船那样，永远漂浮不定，最终只会到达失望、失败与沮丧的海滩。

数人的建议，虽然并不合理，计划还是照常进行。

在很大程度上，这种僵化死板的处事模式忽视了个人努力的价值。我认为，相互合作的组织应该刺激、加强个人的积极性，而非抑制。在慈善事业中，合作方式正在逐步前行，这样，我们理应将广义上的慈善精神发扬光大。

洛克菲勒格言

一个人手里每增加一分钱，就增加了一分决定未来命运的力量。

高等教育的重要性

在慈善活动中，观点与众不同的人往往会引起许多非议。人们只是看到生活中迫在眉睫的需求，却往往忽略了那些更为重要的隐蔽方面，例如高等教育的重要性。我们需要教育，因为很大程度上，无知是贫困和犯罪的源泉。所有创新的发现和发明都将共同构建人类的文明，如果我们能为高等教育的发展奉献一己之力，不管哪一领域，都将对拓宽人类的认知领域产生重大的影响。在我看来，我们不能无视高等教育的重要性。大多数科学、医学、艺术和文学方面的成就都源于高等教育。这些东西改善了整个人类的生活质量，将来，某位伟大的作家一定会把这个过程展现给我们，无关受教育程度，无论社会地位，不管贫穷富有。高等教育的发展使生活更加顺应我们的心愿。

对根源的追寻，将罪恶消灭在初始状态，这无疑是最成功的慈善事业，它不断地朝着事物的终极方向探索。我对芝加哥大学非常感兴趣，因为它不仅具备了大学应有的综合素质，而且在科研方面投入颇多。

洛克菲勒
格言

你所赚的钱越多，你对社会的贡献就越大。

威廉·雷尼·哈颇博士

每当提起这所年轻的学府——芝加哥大学，威廉·雷尼·哈颇博士的影子就会浮现在我的脑海中。芝加哥大学因他的奉献而前途无量。

我的女儿在瓦萨尔学院（Vassar College）读书时，我第一次见到哈颇博士。受校长詹姆斯·泰勒博士（James M. Taylor）之邀，哈颇博士经常在周日到瓦萨尔学院讲课，当时，我周末也经常在那儿，就这样，我经常可以见到他，并有很多机会与这位年轻的耶鲁教授交谈，他的热情在一定程度上感染着我。

芝加哥大学建校之后，哈颇博士担任了它的第一任校长。他们的办学宗旨是聘请最优秀的教授，创办一所不受传统约束、遵循最前沿的现代化理念的大学。在芝加哥和中西部民众之间，哈颇博士筹集了几百万美元的资金，也获得了当地领导的赏识。哈颇博士不仅得到了物质上的赞助，而且获得了忠实的拥护和强烈的个人兴趣，最大程度的帮助与合作不外乎此，这就是他的过人之处。哈颇博士的成就远远超乎他的想象。他对大学教育怀着崇高理想，在中西部地区，他引

洛克菲勒**格言**

人没有什么了不起的，但也没有什么比人更了不起的，这要看你为同胞和国家做了什么。

发了推进高等教育的思潮，带动了个人、宗教组织、立法机构共同行动，采取高效的方法促进高等教育事业的发展。中西部地区如今在大学教育上的成就，应该在多大程度上归功于哈颇博士的智慧？对于这个问题，今天的人们或许根本无法想象。

哈颇博士不仅才华横溢，具有卓越的管理才能，而且拥有非凡的个人魅力。繁忙的工作之余，哈颇博士和夫人会经常来我家里做客，这是非常愉快的家庭生活经历。哈颇博士是生活中最令人开心的好友。

能够为哈颇博士担任校长的芝加哥大学捐赠资金，我深感荣幸，可是，有些报纸总是将事情描绘成另一番图景，它们说哈颇博士是通过我们之间的私人交情来获取这些资金的。这一话题为漫画家提供了源源不断的创作素材。他们将哈颇博士描绘成一位催眠师，这位催眠师对我施加咒语，或者，他在我全神贯注地从报纸上剪优惠券时，闯进我的办公室，看到他，我立刻丢下手头的工作，跳窗而逃。有的漫画将我描绘成，站在冰上，沿着河逃跑，而哈颇博士紧紧地跟在后面。有的漫画里把哈颇博士描绘得像俄罗斯故事中的狼一样，在我身后穷追不舍，为了与他拉开距离而逃跑，我只能丢下一张100美元的钞票，哈颇博士这时就会停下来去捡。

这些漫画大都是在调侃，虽然其中一些内容的确很有趣，但是，这对于哈颇博士从来不是幽默。这些漫画都是对他的侮辱，倘

洛克菲勒**格言**

如果你不想别人偷走你的梦想，那么你必须在被挫折击倒之后立即站起来。

若他还健在，听到我说的话，他一定非常开心。在担任芝加哥大学校长期间，他从未向我索要过一分钱，无论是书面上还是口头上。在平时的生活来往中，我们讨论的话题从来不曾包含芝加哥大学的财政问题。

为芝加哥大学捐资的流程与其他项目一样，由大学里负责预算现金、管理财政的职员提出书面申请，在每年的一个固定时间点，他们带着校长与我们的慈善基金会讨论他们切实的需求。双方的意见往往不谋而合，任何面谈和请求都只是画蛇添足，我们根本不需要。芝加哥大学位于我们国家的中心，当地的人们对它十分热爱，它正进行着具有重大意义的伟大事业，总之，它值得我们捐赠，对我来说，这种捐赠实属荣幸。并非因为所谓的会面或请求，芝加哥大学才获得了慈善捐助，这种资助源自于它自身的实际价值。

很多人以慈善的名义不断地要求与我会面，他们认为这样可以最快捷地获得资助，至少比较有效，但这是一种错误的想法。自始至终，我们所遵循的流程是，申请者无需长篇大论，只需提交简明扼要的书面申请。专业人士对这些申请进行评估。如果助理认为有必要安排面谈，申请人将会接到邀请。

书面申请是员工调查、垂询、比较各类情况的基础，也为我最终的审核提供了依据。

这是我们唯一的工作方式。要求提交书面申请而不进行面谈，并

洛克菲勒**格言**

我笃信这样一种观念：只有为自己工作才能致富。

不是像有些人想象的那样是一种无情的拒绝手段，相反，这样可以更充分地考核项目，更全面地考察项目的价值，而仅仅通过面谈，这些都是无法满足的。

洛克菲勒格言

伟大的人生就是征服卓越的过程，我们必须朝着这个目标不断前进，不惧怕苦痛，态度坚定，准备在漫长的拼搏之路上跌倒之后再爬起来。

有条件的赠与

不明智的赠与很容易造成弊病。一些机构可以通过其他渠道获得资金，向这样的机构捐赠是非明智的善举，它只能使慈善资源枯竭。

在任何时候，慈善机构都应该尽可能多地收纳捐赠者。这意味着，慈善机构应该不断地向外界发出呼吁，并且必须做出成绩，符合社会的需求，这些呼吁才会得到回应。公众的关注意味着持久的支持，它确保明智的理财和公正的管理。

我们的赠与通常是有条件的，我们只是希望通过这种方式，使更多的人关注慈善事业，使捐赠者尽可能多地增加，将来为慈善机构提供帮助与合作，我们并非强迫人们履行自己的义务。由于人们的不理解，很多时候，有条件的赠与总会受到谴责。

每一个渴望成功的人都应渴求善意、理智和公正的批评，它是一笔财富。可是，我却遭到了无数恶意的抨击，但是打心底里，我并没有受挫，或者心生怨恨，也从未想过反击那些公开向我挑衅的人。不管悲观主义的呼声多么刺耳，遭遇困难和侮辱时，世界快速而稳健的步伐足以使我们深感欣慰。

洛克菲勒格言

我们现在的责任，就是完全献身于周围的世界和民众，专心致志地给予，全身心投入到为人民造福中去。没有什么比这个更伟大的了。

慈善托拉斯

我们还是回到慈善托拉斯的话题上来吧。所谓慈善托拉斯是指，将商业中协同合作的管理方法引入慈善事业。掌握实际商业技能的人才能将这一理念运营成功。一个优秀的商人应该发现这个理念的可实践性，并深深为之吸引。当这一理念最终以某种形式发挥作用时，那种形式或许比预料中的更好，我们的努力将显得意义非凡！

让最优秀的人管理最优秀的慈善机构，这样才能得到慷慨而充分的支持。他们会妥善管理基金，让每分钱尽其所能，捐赠者可以完全信任他们。现在整个慈善业的管理越来越散漫。慈善机构的管理失误导致资金变成一种严重的资源浪费，而那些资金却是许多好心人竭尽全力筹集而来的。

许多人有能力在自己的领域有所建树，我们不能让他们成为筹集资金的奴隶。筹集资金应该是商人的职责，除此之外，商人还要管理收支。教师、工人和各界政要应该从与金钱有关的小事中脱身，致力于各自领域的建设，不应该因担忧其他事情而分心。

商界中最优秀的人必将为慈善托拉斯所吸引，如同被商机吸引一

洛克菲勒**格言**

你拥有的东西越多，力量就越大。

样。成功的商业人士是一个高尚的阶层。有时我甚至认为，假如牧师能够更好地了解商人和商业，他们一定获益良多。在我看来，神职人员与商人之间更深层次的了解将会使双方受益匪浅。

牧师和教堂中处于重要地位的人几乎没有接受过世俗世界的任何商业训练，他们在宗教事务上作出的决定有时会让人大吃一惊。

不管是在商业界、宗教里，还是在科学界，诚信都是人们交往的前提。商人只与说真话、守信誉的人交易。教会的代表们经常会指责商人自私、吝啬，但是，商人身上也有很多值得他们学习的闪光点。神职人员与商人是两种不同类型的人，当二者的合作更加紧密时，他们将对此深有体会。

慈善托拉斯的建立将为慈善事业翻开崭新的一页，这种联合式的慈善机构将提升慈善工作的水平，辨明事物真相，鼓励和支持实力强大的机构和人员，帮助人们学会自助。慈善托拉斯正在形成，并且将很快建立，在其理事会中，你将会发现美国人中的精英人士，这些人不仅熟知赚钱的方式，而且能够担负起合理利用资金的重任。

芝加哥大学十周年校庆时，我参加了学校的一个餐会。我将要在会上发言，于是，我事先准备了演讲稿。

轮到我发言了，但是，面对着这些声名显赫、家产万贯的宾客，我的演讲稿瞬间失去了价值。这些人的财富和影响力可以在很大程度上推动我们的慈善事业，想到这儿，我激动万分。于是，我丢下稿

洛克菲勒**格言**

善于思考和善于行动之人，都知道必须摈弃个人的傲慢与偏见，而且永远不能因为个人偏见而妨碍自己的成功。

件，开始了我慈善托拉斯计划的推销。

我说道："尊敬的各位来宾，我知道，你们一直希望为慈善事业奉献力量。我也知道，大家工作都非常繁忙。实施善行前，你们一定会先考察充分，然后决定自己将要捐助的领域，但是或许，你们又会觉得现在无暇进行社会需求调查。为何不考虑一下，像自己为子女储蓄财富那样，将资金放入信托机构呢？你绝不会把为子女储蓄的钱财交付给一个毫无经验的人，不管他有多么优秀。同理，我们也应妥善处理那些捐赠给社会的资金，像处理为家庭储蓄的钱财一样。慈善托拉斯的理事们将尽心尽力地为您打理这些事务。让我们成立一个托拉斯组织，聘用专业的人员，共同合作，高效妥善地管理我们的慈善基金。我恳切地请求大家，不要再等了，从现在开始行动吧。"

我承认，我一直相信这是一个正确的方向，至今仍然如此。

洛克菲勒总结自己一生的小诗：

我学习工作也学习娱乐，我的生命就是漫长愉快的假日，充满工作，充满享乐，上帝日日都保佑我。

洛克菲勒格言

安全第一并不能让我们发财致富。要想获得报酬，就必须接受随之而来的必要的风险。